BÖHMEN LIEGT AM MEER

IM BLICKFELD

BÖHMEN LIEGT AM MEER

DIE ERFINDUNG DER LANDSCHAFT UM 1600

VON THOMAS KETELSEN

MIT EINEM BEITRAG
VON STEFAN BARTILLA

HAMBURGER KUNSTHALLE

INHALT

VORWORT

Im Blickfeld steht, wie schon in der Ausstellung »Holländische Kirchenbilder« 1996, eine größere Gruppe von Werken der Hamburger Kunsthalle. Zeichnungen, Kupferstiche und Gemälde aus der Zeit zwischen 1560 und 1620 legen Zeugnis ab von der besonderen Faszination, die die Natur auf die Künstler ausübte. In der niederländischen Malerei um 1600 wurde die Landschaft erstmals als selbständiges Motiv entdeckt. Bei aller Genauigkeit, mit der die Maler ihre in der Natur gewonnenen Eindrücke in ihre Zeichnungen und Gemälde übersetzten, ging es ihnen jedoch nicht um eine bloße Wiedergabe, sondern um eine Neuschöpfung der Natur.

Die Landschaftsmaler des 19. Jahrhunderts haben sich kritisch über die Werke ihrer Vorgänger geäußert, so etwa der Maler Paul Cézanne: »Ich glaube, daß alle Bilder der alten Meister, die Freilichtszenen darstellen, in Innenräumen gemalt sind, denn sie scheinen mir nicht den wahren und vor allem ursprünglichen Aspekt zu haben, den die Natur vermittelt« (Brief an Emil Zola vom 19. Oktober 1866). Das Urteil Cézannes gibt Anlaß, den Erfindungsreichtum und die künstlerischen Darstellungsmittel der Landschaftsmaler um 1600 neu zu befragen. Durch die Dokumentation von Unterzeichnungen einiger Gemälde kann etwa das konstruktive Vorgehen der Landschaftsmaler im 16. Jahrhundert, das der heutigen digitalen Arbeitsweise von Künstlern näher steht als der Freiluftmalerei des 19. Jahrhunderts, anschaulich gemacht werden.

Die Ausstellung wird bereichert durch wichtige Leihgaben. Für die Unterstützung danken wir Dr. Alexander Dückers und Dr. Holm Bevers vom Kupferstichkabinett in Berlin sowie Dr. Wolfgang Holler und Dr. Christian Dittrich vom Kupferstich-Kabinett in Dresden. Gleicher Dank geht an Dr. Jürgen Neubacher, Marion Sommer und Gabriele Urban von der Staats- und Universitätsbibliothek Hamburg – Carl von Ossietzky sowie Jacques Foucart, Musée du Louvre. Eine große Anzahl von Gemälden wurde von Eva Keochakian für die Ausstellung eigens restauriert. Tobias Boner besorgte die Foto-Dokumentation der Unterzeichnungen. Besonderer Dank gilt Dr. Hanna Hohl für ihre Unterstützung.

Uwe M. Schneede *Thomas Ketelsen*

Roelant Savery · *Felsenstudie* · Kat. 25

Vom Verschwinden der Wege

Von Thomas Ketelsen

I. BÖHMEN LIEGT AM MEER

Im Jahre 1613 verließ der niederländische Maler Roelant Savery die im Herzen Böhmens gelegene Stadt Prag, um nach Amsterdam zurückzukehren. Seit Anfang des Jahrhunderts war Savery am Prager Hof tätig gewesen und hatte von dort aus, vermutlich im Auftrag von Kaiser Rudolf II., Reisen in die nähere Umgebung und nach Tirol unternommen. Bei seiner Rückkehr in die Niederlande befand sich in seinem Gepäck eine Vielzahl von Zeichnungen, darunter Skizzen von Felsen, Gebirgen und Tälern, die er auf seinen Reisen durch Böhmen und Tirol angefertigt hatte (Kat. 25, 26, 27). 1619 ließ sich der Künstler endgültig in Utrecht nieder, wo ihm als Maler von Waldlandschaften mit Tierstaffagen, Ruinen und bizarren Felsformationen schnell großer Erfolg zuteil wurde.

Die aus der Fremde mitgebrachten Zeichnungen dienten zugleich seinen Malerkollegen als Grundlage für eigene Kompositionen. Zu den engsten Freunden in Utrecht gehörte der Maler Adam Willaerts, der bereits seit 1602 in der Domstadt ansässig war. Willaerts, aber auch sein Sohn Abraham machten in ihren Gemälden vielfach von den Zeichnungen Saverys Gebrauch. Zu den am häufigsten verwendeten Motiven gehörten neben den Stadtansichten von Prag vor allem dessen Felsstudien. So türmen sich auf Willaerts' Gemälde *Gemsenjagd an der Küste* (Kat. 49) am Ufer des Meeres hohe, vom Wasser umspülte Felsen auf, die dem Formenrepertoire des Freundes entstammen. Auf den Felskämmen klettern Gemsen, schlanke Tannen ragen empor. Saverys Hamburger Felsfragment (Kat. 25) wurde von Abraham Willaerts in einer Küstenlandschaft, heute in Haarlem, sogar direkt zitiert.[1]

Der Titel der Ausstellung *Böhmen liegt am Meer* ist ein sprechendes Bild, eine Metapher für den fiktiven Gehalt der gemalten Landschaft um 1600. Im Ensemble der ausgestellten Zeichnungen und Gemälde, die sich mit wenigen Ausnahmen alle im Besitz der Hamburger Kunsthalle befinden, ist die *Gemsenjagd an der Küste* von Willaerts nicht das einzige Werk, das keine reale, sondern eine imaginierte Landschaft zeigt. Künstler wie Herri Bles, Pieter Bruegel d. Ä. oder Hendrick Goltzius nahmen ihre Studien nach der Natur nur zum Ausgangspunkt für neue, phantastische

Landschaftsgebilde, die sich zumeist als Konstruktionen von einzelnen Wirklichkeitsfragmenten entpuppen. Der Nachweis des konstruktiven Charakters der Landschaften, der angesichts neuester digitaler Arbeitsweisen von Künstlern geradezu modern anmutet, ist ein Leitmotiv der Ausstellung. Ein zweites ist der poetische Gehalt der gemalten Landschaft um 1600, der in der Feststellung »Böhmen liegt am Meer« ebenfalls eingefangen wird.

In der Romanze *Das Wintermärchen* von William Shakespeare landen in der dritten Szene des dritten Aktes mehrere aus Sizilien kommende Schiffe an den »Einöden Böhmens«.[2] Von diesem fiktiven Ort wird berichtet, daß er »berüchtigt sei für die Raubtiere, die sich hier aufhalten« und »daß es genügend entlegene Orte in Böhmen gibt«; es wird aber auch vom »schönen Böhmen« gesprochen.[3] Die Ankunft »an den Einöden Böhmens« bringt den aus Sizilien kommenden Protagonisten des Theaterstücks Unheil, denn »der Himmel sieht grimmig aus und droht sogleich Toben an«.[4] König Leontes von Sizilien hatte aus Eifersucht seine Tochter Perdita verstoßen. Er ließ sie von Antigonus nach Böhmen bringen und dort aussetzen. Die Natur fügt sich jedoch nicht diesem teuflischen Plan. Antigonus wird von einem Bären in Stücke gerissen, und die vor der Küste ankernden Schiffe gehen im Sturm kläglich zugrunde. Perdita hingegen wird von einem Bauernpaar gefunden und aufgezogen. Alles weitere folgt der Regie Shakespeares. Adam Willaerts' *Küstenlandschaft* von 1620 hätte somit als Bühnenprospekt für Shakespeares *Wintermärchen* dienen können, das 1611 im Globe-Theater in London erstmals zur Aufführung gelangte.

»Spielt die Komödien, die lachen machen / Und die zum Weinen sind«, heißt es in einem Gedicht von Ingeborg Bachmann, das sich mit seinem Titel unmittelbar auf die Romanze von Shakespeare bezieht: *Böhmen liegt am Meer.*[5] Im Januar 1964 hatte Ingeborg Bachmann eine Reise von Berlin, wo sie die Arbeit an ihrem unvollendet gebliebenen Romanprojekt *Todesarten* begonnen hatte, nach Prag unternommen. Die Fahrt scheint sie als Ausbruch aus der geteilten Stadt Berlin empfunden zu haben. Auf ihre Reise zurückblickend, schreibt sie: »Wie ich nach Prag gekommen bin, habe ich gewußt, Shakespeare hat recht: Böhmen liegt am Meer (...) es war die Heimkehr (...). Und Böhmen heißt nicht für mich, dass es Böhmen sind, sondern alle, wir alle sind Böhmen. Und wir hoffen auf dieses Meer und auf dieses Land (...).«[6] Nach ihrer Reise entstand das Gedicht *Böhmen liegt am Meer,* das vier Jahre später veröffentlicht wurde.

(...)
Grenzt hier ein Wort an mich, so laß ich's grenzen.
Liegt Böhmen noch am Meer, glaub ich den Meeren wieder.
Und glaub ich noch ans Meer, so hoffe ich auf Land.

Bin ich's, so ist's ein jeder, der ist soviel wie ich.
Ich will nichts mehr für mich. Ich will zugrunde gehn.

Zugrund – das heißt zum Meer, dort find ich Böhmen wieder.
Zugrund gerichtet, wach ich ruhig auf.
Von Grund auf weiß ich jetzt, und ich bin unverloren.
(…)[7]

Jenes erste »noch« fügt eine Verunsicherung ein, die der Behauptung des Titels zu widersprechen scheint. Es wird eher ein Wunsch oder eine Hoffnung ausgesprochen. Und tatsächlich geht es um etwas Verlorenes, Vergangenes, das über den Umweg über das Meer wiedergefunden werden kann. Das Zugrundegehen bringt eine Erfahrung mit sich, die das lyrische Ich paradoxerweise nicht mehr ortlos erscheinen läßt. Denn die Aufforderung, »Kommt her, ihr Böhmen alle«, setzt eine Landnahme voraus, handelt es sich auch, wie es im letzten Vers des Gedichtes heißt, um das Land der eigenen Wahl. Dennoch ist von nun an gewiß, daß Böhmen nicht nur »eines schönen Tags ans Meer begnadigt wurde« – die poetische Referenz an Shakespeare –, sondern »jetzt am Wasser liegt«. Dieses »jetzt« zeugt von einer Gewißheit, die dem eingangs geäußerten Zweifel widerstreitet und sich mit der Strenge des poetischen Wortes im Titel des Gedichtes mitteilt, derselben Gewißheit, die auch in Adam Willaerts' *Küstenlandschaft* zum Ausdruck kommt.

Einige Gedanken Ingeborg Bachmanns zu ihrem Gedicht führen zum zweiten Leitmotiv der Ausstellung, dem Blick auf den poetischen Gehalt der Landschaften um 1600: »Und es ist für mich das Gedicht, zu dem ich immer stehen werde. Es ist gerichtet an alle Menschen, weil es das Land ihrer Hoffnung ist, das sie nicht erreichen werden. Und trotzdem müssen sie hoffen, weil sie sonst nicht leben können. (…) Es ist das Gedicht meiner Heimkehr, nicht einer geographischen Heimkehr, sondern einer geistigen Heimkehr. Deswegen habe ich es genannt: Böhmen liegt am Meer.«[8] Anselm Kiefer hat in seinen Gemälden *Böhmen liegt am Meer* an den von Ingeborg Bachmann wachgerufenen poetischen Raum wieder erinnert.

Der Titel der Ausstellung liefert somit zugleich einen Schlüssel zur Enträtselung der gemalten Poesien. Ihr fiktiver Gehalt ist eng verbunden mit dem Motiv des Weges und dem anschaulichen Begehen der mitunter labyrinthartig sich verzweigenden Wege in den Gemälden. Welche Hoffnungen und Wünsche sich am Ende des 16. Jahrhunderts, einer Zeit der Religionskriege, mit diesen Landschaftsdarstellungen verbunden haben, wird die Ausstellung zu rekonstruieren versuchen. Sie folgt dabei dem Vorbild der Landkarte. Diese kennt kein Zentrum, keine Grenzen, aber auch keine vorab festgelegten Wege. So ist der Betrachter selbst aufgefordert, die vor ihm ausgebreiteten Werke auf einem selbstgewählten Weg in Verbindung zu setzen.[9]

II. DER AUSSTIEG AUS DER KARTE INS BILD

Zum Zeitpunkt der Entstehung von Shakespeares *Wintermärchen* bestand keine Ungewißheit darüber, ob Böhmen wirklich am Meer liegt. Die zeitgenössischen Kommentatoren haben sich über den topographischen Schnitzer belustigt, die späteren Herausgeber hingegen ihn zu korrigieren versucht.[10] Ein Blick auf die Karte von *Germania* in Abraham Ortelius' *Theatrum Orbis Terrarum* hätte genügt, sich über die genaue Lage Böhmens Gewißheit zu verschaffen (Kat. 1). Die Karte zeigt das nördliche Europa von der Provinz Flandern im Westen bis Preußen und Ungarn im Osten. Die nördlichsten Städte sind Apenrade und Flensburg, im Süden ist noch ein Teil der Adria mit Venedig zu sehen. Wandert der Blick von der Nordsee über Westfalen und Hessen nach Südosten, so zeigt sich im Zentrum Mitteleuropas ein von Höhenzügen und Bäumen kraterförmig eingekreistes Gebiet: *Bohemia.*

Dem anschaulichen Kartenbefund entsprechend heißt es in einer *Beschreibung des Landes in Böhmen* aus dem Jahre 1576: »Boehmen ist in die ruende mit Waeldern unnd Gebirgen beschlossen / Da es an die Schlesi stoeßt / hat es sehr hohe Felsen und Klippen / sonst hat es am meisten zu einer Mauwer und Beschirmung gewaltige grosse Wälder. (...) Es ist ungefehrlich drey Tagrheysen lang un(d) breit / von gestalt rundaechtig (...).«[11] Der Eindruck einer Waldfestung wird noch verstärkt durch die Karte Böhmens, die sich ebenfalls in Ortelius' Atlas befindet (Kat. 2). Sind es im Norden, Westen und Süden kleinere Hügel und Wälder, die eine natürliche Landesgrenze markieren, so ragen im Osten und Südosten hohe Gebirgsformationen auf. Im Landesinneren bieten die bei Melnick zusammenfließenden Flüsse Elbe und Moldau ein weit verzweigtes Wegenetz, an dem das Auge entlangwandern kann. Ein Uferstreifen am Meer ist jedoch weit und breit nicht zu entdecken.

Das *Theatrum Orbis Terrarum* von Abraham Ortelius, einem der bedeutendsten Humanisten und Kartographen der Zeit, war 1570 als ein Atlas mit 53 Karten erstmals erschienen.[12] Dem Werk vorangestellt ist eine Weltkarte, es folgen die Karten der vier Kontinente Europa, Asien, Afrika und Amerika. Daran schließen sich länderübergreifende Karten von *Anglia, Hispania, Gallia, Germania* und *Italia* an, jeweils gefolgt von Ansichten einzelner Provinzen wie *Flandria, Zelandia, Hollandia, Frisia* etc. Bei gleichbleibender Kartengröße nimmt durch die Verkleinerung des Ausschnitts die Genauigkeit der Karten zu, wie der Vergleich der Karten von *Germania* und *Bohemia* zeigt. Letztere wurde auch als *Bohemia regni nova chorographica descriptio* bezeichnet.[13]

Chorographie bedeutet hier das Erfassen einer bestimmten Region oder Provinz, im Unterschied zur Geographie, die sich auf die Welt als Ganzes bezieht. Der Geograph und Landvermesser Petrus Apianus veranschaulicht in seiner *Cosmographia* die Relation von Geographie und Chorographie durch die Gegenüberstellung einer Weltkarte mit einem willkürlichen Landschaftsausschnitt, der eine Burganlage auf einem Felsen zeigt (Kat. 5). Zur Erläuterung dieses Verhältnisses bedient sich Apianus der analogen Beziehung des Kopfes zu den einzelnen Sinnesorganen wie Auge oder Ohr.[14] Die Karte Böhmens beschreibt somit im Unterschied zu der Germaniens im Sprachgebrauch der damaligen Zeit eine individuelle geographische Landschaft.[15]

Es waren diese regionalen Landschaftskarten, die neben den historischen Karten, etwa der von Palästina (Kat. 3), den außerordentlichen Ruhm von Ortelius' Werk begründen sollten. Das *Theatrum* wurde mehrfach neu aufgelegt. Sein Umfang nahm kontinuierlich zu, und ältere Karten wurden durch aktualisierte ausgetauscht. Ortelius stellte die Karten nicht selbst her, sondern griff auf vorhandene Karten zurück, die nachgestochen und für den Atlas auf ein einheitliches Format gebracht wurden. Die berechneten Abstände und Verhältnisse zwischen den verzeichneten Orten und Plätzen waren dabei im verkleinerten Maßstab beizubehalten. Der Herausgeber wurde dafür gerühmt, in seinem Kartenwerk die unermeßlichen Weiten der Länder und Meere auf engem Raum zusammengefaßt und damit die ganze Welt tragbar gemacht zu haben.[16] Das handliche Format erleichterte das Studium der Karte, denn wollte man die großen Wandkarten vor Augen haben, benötigte man – so Ortelius – entweder eine ganze Galerie oder ein großes Theater.[17]

Neben den Gelehrten waren es vor allem die Feldherren und die Kaufleute, die das Studium der Karten für ihre Interessen zu nutzen wußten. So wird berichtet, daß der Antwerpener Kaufmann Gilles Hooftmann an geographischen Karten interessiert gewesen sei, »die es ihm erlaubten, dank seiner Kenntnis von Plätzen und Abständen die Kosten des Gütertransportes zu berechnen und die Möglichkeiten der Gefahren einzuschätzen. Sie boten ihm auch die Gelegenheit, die tagtäglichen Berichte über die Kriege, die überall in Europa und vor allem in Frankreich wüteten, zu überprüfen.«[18] Im Laufe des 16. Jahrhunderts dehnte sich der kartographierte Raum beständig aus. Immer mehr unbekannte Flecken und Landschaften wurden verzeichnet und dadurch ökonomisch wie militärisch betretbar und begehrlich gemacht.

1 Meister der Ursula-Legende · *Maria mit Christus und Johannes dem Täufer* · Ausschnitt · Kat. 41

2 Jan Massys · *Flora* · Ausschnitt mit der Stadt Antwerpen · Hamburger Kunsthalle

Dem heutigen Benutzer des *Theatrum* fällt auf, daß auf den Karten weder Wegstrecken zwischen den einzelnen Städten noch Landesgrenzen eingezeichnet sind. Wie Inseln ragen die kleinen zeichenhaften Kürzel der Stadtveduten hervor, deren Schriftzüge wie Anker aufs Papier geworfen wurden. Die Stadtvedute war im 15. und 16. Jahrhundert ein verläßliches Zeichen zur Wiedererkennung und besaß eine identitätsstiftende Funktion. Die wichtigsten Stadttürme und die Stadtmauer standen pars pro toto für das gesamte städtische Gefüge. So ist auf der Mitteltafel des *Genter Altars* der Gebrüder Hubert und Jan van Eyck im Hintergrund der Turm der Kathedrale von Utrecht zu erkennen. Gegen 1500 waren es Maler wie der Meister der Ursula-Legende und der Meister der hl. Lucia, die ihre Andachtsbilder im Hintergrund mit Stadtansichten von Brügge versahen. Auf dem Gemälde *Maria mit Christus und Johannes dem Täufer* vom Meister der Ursula-Legende sind die Türme der Liebfrauen- und der Salvatorkirche sowie der Belfried zu erkennen (Abb. 1).

Zu den frühesten gemalten Stadtveduten Antwerpens gehört die Ansicht auf Jan Massys' *Flora* aus dem Jahre 1559 (Abb. 2). Das Gemälde ist eine Huldigung an die Stadt Antwerpen, wo in diesem Jahr der Frieden von Cateau-Cambrésis gefeiert werden konnte, der dem Krieg zwischen Frankreich und den Niederlanden ein Ende setzte. Die Personifikation der Flora bringt so die Hoffnung auf eine wirtschaftliche Blüte der Stadt zum Ausdruck. Für das »gezicht« der Stadt, wie es heute noch im Niederländischen heißt, verwendete der Maler vermutlich eine graphische Vorlage.[19] Zu identifizieren sind im Zentrum die Türme der Liebfrauenkirche, links davon der Turm von St.-Walburga, rechts der Turm der St.-Michaels-Abtei. Auf den Karten von Ortelius besitzen die kleinen Stadtveduten hingegen keine identitätsstiftende Funktion, zu klein und zu ungenau sind die Türme und

Mauern. Ihre Identität beziehen die Städte und Dörfer einzig durch ihre Lage, die sich als räumliche Beziehung zu den umliegenden Städten sowie zu den Flüssen beschreiben läßt. In der Karte geht es somit immer um Abstände und Verhältnisse auf der Fläche, nicht um wirkliche Ansichten im Raum. Die Karte unterschlägt so den Horizont und bietet keinen bestimmten Blickpunkt für den Betrachter.

Am Ende der 1592 erschienenen Ausgabe des *Theatrum* findet sich ein Stich mit der Darstellung des Tals von *Tempe,* einer fiktiven antiken Landschaft, die nicht mehr den Gesetzen der Kartographie, sondern denen der Kunst gehorcht (Abb. 3).[20] Die dazugehörige Inschrift, eine Schilderung aus Ovids *Metamorphosen,* lautet: »Tempe heißt eine Schlucht in Thessalien. Waldige Hänge schließen sie ein. Peneus, dem Fluße des Pindus entsprungen, wälzt seine schäumenden Wogen hindurch (...)«.[21] Dieser Stich fängt eine Entwicklung der Landschaftsmalerei ein, die am Beginn des 16. Jahrhunderts in den südlichen Niederlanden ihren Ausgang genommen und in den Werken von Joachim Patinir, Herri Bles und Pieter Bruegel d. Ä. künstlerisch ihren nachhaltigsten Ausdruck erlangt hatte. So knüpft Ortelius in seinem Stich *Tempe* unmittelbar an die *Große Alpenlandschaft* von Pieter Bruegel (Kat. 14) an. Es sind dieselben hochaufragenden Felsmassen, die auf beiden Ansichten zu sehen sind, hier der Olymp und der Berg Ossa, dort die Alpen.

Der Ausstieg aus der Karte ins Bild ging mit der allmählichen Spezialisierung der Künstler einher. Noch Jan van Eyck oder Albrecht Dürer haben Weltkarten angefertigt, andere Künstler, darunter Pieter Bruegel d. Ä., haben auf ihren Reisen topographische Ansichten von Städten festgehalten, die durch Stiche weite Verbreitung fanden. Danach haben die Künstler die Karten wohl nur noch studiert, um sich auf ihre Reisen nach Frankreich, Italien, Konstantinopel oder Jerusalem vorzubereiten oder aber, besonders im letzten Viertel des 16. Jahrhunderts, um ihre Fluchtwege ins Exil zu suchen. So reiste Pieter Bruegel Anfang der 50er Jahre nach Italien, Paul Bril folgte ihm 1574 oder 1576 und starb dort 1626. Abraham Ortelius trat 1577 mit Joris Hoefnagel eine Reise nach Rom und Neapel an; Jan Brueghel d. Ä. hielt sich wie sein Vater mehrere Jahre in Italien auf;

3 Abraham Ortelius · *Tempe Thessalica* · aus: *Parergon* · Antwerpen 1624

eine Italienreise von Joos de Momper fällt vermutlich in die Zeit zwischen 1581 und 1590; Pieter Schoubroek hielt sich 1595 in Rom auf, zwei Jahre später ist er als Malergeselle in Frankenthal nachweisbar.

War Rom mit seinen antiken Ruinen und den Kunstwerken der Renaissance nach wie vor die Stadt der künstlerischen Ausbildung, so wurden Amsterdam, Prag oder das kleine Frankenthal in der Pfalz für viele Künstler aus den südlichen Niederlanden zu Orten des Exils und künstlerischen Neuanfangs. Nach der Rückeroberung Antwerpens durch die Spanier emigrierte Gillis van Coninxloo 1585 nach Seeland, von wo er 1587 nach Frankenthal ging; 1595 übersiedelte er nach Amsterdam. Die Familie David Vinckboons emigrierte 1586 von Antwerpen nach Amsterdam. Seit 1594 hielt sich der aus Mecheln stammende Pieter Stevens in Prag auf, drei Jahre später trat Aegidius Sadeler als Stecher in den Dienst von Kaiser Rudolf II. Die Familie Roelant Saverys verließ 1580 die Geburtsstadt des Künstlers, Kortrijk, und zog über Brügge nach Haarlem. Mit seinem Bruder Jacob, der ebenfalls Maler war, lebte Roelant 1591 in Amsterdam, 1604 war auch er in Prag wohnhaft. Unter Rudolf II. war Prag für kurze Zeit ein befriedeter Ort, geschützt vor jedem religiösen Wahn durch die sich »zu einer Mauwer und Beschirmung« auswachsenden gewaltigen Wälder.[22]

Was nahmen die Künstler auf ihren Wanderungen wahr, wie wurden die Eindrücke festgehalten? Albrecht Dürers Tagebuch von seiner Reise in die Niederlande in den Jahren 1520/21 ist ein bemerkenswertes Dokument, weil in ihm weder einzelne Bäume, Wiesengründe oder Flußufer beschrieben noch die durchquerten Landschaften charakterisiert werden. Geradezu monoton wirkt heute der Bericht von seiner Reise von Antwerpen nach Brügge: »Item bin ich am samstag nach ostern (...) von Antorff (Antwerpen) gen Prüg (Brügge) gefahren über die Schelde, und kam gen Pefer, ein groß dorff. Von dannen gen Prasten, auch ein groß dorff. Darnach furn wir durch etliche dörffer und kamen in das schön groß dorff, da die reichen bauren siczen, do assen wir zu morgens. Von dannen fuhren wir für Pol (...) und kamen gen Prüg, das ist ein herrlich schön statt.«[23] Einige der passierten Dörfer werden als »schön« bezeichnet, die Ansicht Brügges lockt ein »herrlich schön« hervor.

Von keinem anderen Künstler, weder von Pieter Bruegel noch von Joos de Momper oder Tobias Verhaecht, sind vergleichbare Tagebuchaufzeichnungen bekannt. Aber auch ein gezeichnetes Reisetagebuch hat sich von keinem der genannten Künstler erhalten, obwohl die Radierung *Flußlandschaft mit Merkur und Psyche* nach einer Komposition von Pieter Bruegel (Kat. 15) vermuten läßt, daß es dergleichen gegeben hat. Auf einer Anhöhe sitzen zwei Zeichner mit großen Skizzenblättern auf den Knien, Müller Hofstede erkannte in ihnen »Meister und Schüler«.[24] Bildeinwärts blickend, dem Betrachter den Rücken zugewandt, gilt ihre Aufmerksamkeit dem gegenüberliegenden Flußufer mit aufragendem Steinbruch, einem Anblick, den die Radierung als Teil einer Überschaulandschaft festhält. Die beiden Zeichner scheinen sich ganz dem Eindruck der Landschaft zu überlassen.

Das Motiv des Zeichnens in der Natur ist hier Teil einer visuellen Überredungsstrategie. Wie die Autoren von Reisebeschreibungen wiederholt versichern, die fremden Länder mit eigenen Augen gesehen und die Beschreibungen nicht aus Büchern entnommen zu haben – zumeist wird ein Begleiter als Zeuge angeführt –, so sollen die beiden Zeichner das Wahrhafte des Abbilds der Landschaft erkennen lassen. Bruegels *Flußlandschaft* bewegt sich damit zwischen zwei Polen, deren Vermittlung immer wieder neu bestimmt werden muß: zwischen dem Zeichnen in und nach der Natur und der Übersetzung des Gezeichneten in eine eigene Komposition.[25]

»Naer het leven« – Nach dem Leben

Eine der frühesten Naturstudien dürfte die von Gerard David um 1515 ausgeführte Silberstiftzeichnung eines Baumes sein (Kat. 19). Wie der Männerkopf daneben und der sorgfältig ausgeführte Frauenkopf auf der Vorderseite des Blattes mag auch sie als vorbereitende Skizze zu einem Andachtsbild gedient haben. Herri Bles' *Ansicht von Dinant* ist vermutlich eine vor Ort entstandene topographische Studie (Kat. 8). Der Zeichner muß am jenseitigen Ufer der Maas gestanden haben, über die eine Brücke Zugang zur Stadt verschafft. Zur unverwechselbaren Physiognomie dieser Stadt am Fuße eines Felshanges gehören das wuchtige Kirchenschiff und die beiden Turmstümpfe von Notre Dame sowie die Zitadelle auf dem Felsen. 1530 hatte man mit dem Wiederaufbau dieses von Karl dem Kühnen zerstörten Bauwerks begonnen, was für eine Entstehung der Zeichnung um 1540 spricht. Eine die Konturen zart abtastende Zeichnung, wohl mit dem Kohlestift ausgeführt, wurde mit der Feder übergangen und die Oberfläche des Felsens mit feinen Schraffuren wiedergegeben.

Mit blauer Tinte angelegt ist die *Flußlandschaft mit einem Weiler,* die bisher mit Vorbehalt Cornelis Massys zugeschrieben wurde (Abb. 4). Der Vordergrund ist durch Felsblöcke und einen schmalen, hochgewachsenen Baum bestimmt. Links führt ein von Bäumen gesäumter Weg in die Tiefe, rechts liegen mehrere Gehöfte an einem Fluß, der sich in einer weitläufigen Landschaft verliert. Die Komposition, aber auch die vorsichtige Strichführung weisen große Übereinstimmungen mit einer Vielzahl von Landschaftszeichnungen aus dem sogenannten Antwerpener Skizzenbuch in Berlin auf (Kat. 9, 10).

Nur wenige dieser Blätter sind wirklich nach der Natur entstanden, bei den meisten handelt es sich um Nachzeichnungen von Landschaftshinter-

4 Anonym, flämisch · *Flußlandschaft mit einem Weiler* · Kat. 7

5 Joachim Patinir · *Der hl. Hieronymus in der Wüste* · Ausschnitt · Musée du Louvre, Paris

gründen auf Gemälden. Auch die Hamburger Zeichnung ist eine freie Paraphrase von Joachim Patinirs Überschaulandschaft auf dem Gemälde *Hl. Hieronymus* in Paris (Abb. 5). Bei Patinir fand der Zeichner ähnliche Felsbrocken und einen isoliert aufragenden Baum im Vordergrund, vor allem aber erinnert das breite, eine Landzunge umspielende Flußdelta und der Mühlenberg an Patinir. Solche Nachzeichnungen hielten ein Formenrepertoire fest, das von den Künstlern immer wieder verwendet werden konnte.

Die *Baumgruppe in einem Wald* von Hendrick Goltzius (Kat. 20) und Roelant Saverys Felsenstudie (Kat. 25) zeigen den knappen Ausschnitt einer Landschaft. Bei Goltzius ist es ein Laubbaum inmitten eines Waldes, bei Savery der Teil eines Felsens. Ein größerer Gegensatz als der zwischen der Baumstudie von Goltzius und dessen *Phantastischer Gebirgslandschaft* (Kat. 21) ist kaum vorstellbar. Letztere gehört zu einer Gruppe von frühen, aus der Vorstellung entstandenen Landschaften. Die *Baumgruppe* dagegen ist eine Studie nach der Natur. Mit nur wenigen Federzügen sind Stamm, Äste und Blattwerk angezeigt. Die Verwendung von Deckfarben auf einem blau gestrichenen Papier hebt den atmosphärischen Ausdruck hervor.

Von Savery sind eine Vielzahl von Zeichnungen bekannt, die die Aufschrift »naer t'leven« aufweisen. Auch die Hamburger Zeichnung des aufragenden Gesteinsblocks mit vertikaler Schichtung, vermutlich Teil eines Bergmassivs, wird vor Ort in den Alpen entstanden sein. Neben der Struktur der Oberfläche sucht Savery durch farbige Kreide das Lichtspiel auf dem fahlgrauen Gestein einzufangen. Vermutlich wählte er die frühen Abendstunden, während der die untergehende Sonne den Kalken und Dolomiten der Alpen einen orange-rötlichen Schimmer verleiht, das als »Alpenglühen« bekannt ist. Die beiden Zeichnungen, die wohl in der Werkstatt beendet wurden, sind vor allem aufgrund ihrer farblichen Ausarbeitung als autonome Kunstwerke anzusprechen.

Ausgespiene Landschaften

Der Maler und Kunsttheoretiker Karel van Mander berichtet in seinem 1604 erstmals erschienenen *Schilderboek,* Bruegel habe auf seiner Reise durch die Alpen viele Ansichten nach der Natur gezeichnet (»veel ghesichten nae t'leven gheconterfeyt«), so daß er die Berge und Felsen, solchermaßen in sich verschlungen (»al die berghen en rotsen hat in gheswolghen«), zu Hause gleichsam auf Leinwände und Holztafeln auszuspeien verstand, »so nahe vermochte er in dieser und anderer Beziehung der Natur zu kommen«.[26] Die literarische Vorlage für diesen drastischen Vergleich ist eine Stelle aus dem Lehrbuch der Rhetorik von Quintilian, in dem dieser den Schülern rät, die literarischen Vorbilder »nicht roh, sondern durch oftmalige Wiederholung erweicht und gleichsam zerkaut dem Gedächtnis zur Nachahmung« einzuverleiben. Der Vergleich der beiden Textstellen legt nahe, in Van Manders Äußerung eine negative Beurteilung des »Realisten« Bruegel herauszuhören, scheint doch Bruegel seine Landschaften »roh«, aber nicht durchgearbeitet hervorgebracht zu haben.[27]

Auf zwei weitere wichtige Gesichtspunkte ist hinzuweisen: Der niederländische Ausdruck »gezicht« wird zur Bezeichnung des gewählten Landschaftsausschnittes verwendet, demgemäß jede Landschaft und jede Stadt auch ihr Gesicht, ihre Physiognomie hat, die in der Zeichnung festzuhalten ist. Darüber hinaus bestimmt Van Mander das Zeichnen in und nach der Natur als eine Form der memorialen Vergewisserung, die sowohl die Handfertigkeit wie auch das zu speichernde Formenrepertoire betrifft. Um etwas im Gedächtnis zu behalten, ist der Künstler aufgefordert, zu zeichnen. Die durch das wiederholte Nachzeichnen der Naturformen geübte Hand ist wiederum die Voraussetzung dafür, die im Gedächtnis eingeprägten Formen mühelos aufs Papier zu werfen.

Innerhalb des umfangreichen zeichnerischen Werkes von Pieter Bruegel, das zuletzt von Hans Mielke kritisch dargestellt wurde, lassen sich nur wenige Blätter als ein »wirkliches Augenerlebnis« festhalten. Dagegen weisen die meisten seiner gezeichneten Landschaften entgegen der Behauptung van Manders einen hohen Grad an gestalterischer Durcharbeitung auf, die auf ihre Funktion als Vorlagen für die graphische Reproduktion zu verweisen scheint. Zu den bekanntesten Landschaftsentwürfen Bruegels gehört die *Große Alpenlandschaft* (Kat. 14). Das Blatt, dessen Vorzeichnung nicht erhalten ist, gehört neben zwölf weiteren Blättern, die um 1555 von Hieronymus Cock herausgegeben wurden, zu den eindrucksvollsten Zeugnissen seiner Naturauffassung.[28] Der Blick geht von einem imaginären

Standpunkt auf eine Berglandschaft, so daß sowohl der Verlauf des Flusses und die ansteigende Bergkette links wie auch das sich diagonal dazu in die Tiefe erstreckende Tal überschaut werden können. In der Flußaue verlieren sich einzelne Dörfer und verstreute Baumgruppen. Die Landschaft ist von vielen Wegen durchzogen, der Eindruck eines Tiefenraums wird durch die Wolkenbänder noch verstärkt.

Ein Vergleich der *Großen Alpenlandschaft* mit der einzigen von Bruegel selbst ausgeführten Radierung, der *Hasenjagd* (Kat. 12), macht auch ohne Kenntnis der erhaltenen und 1560 datierten Vorzeichnung den Unterschied zwischen Vorlage und Reproduktion sichtbar.[29] So bewahrt Bruegel in der *Hasenjagd* seine Handschrift als Zeichner, die auf der von anderer Hand gestochenen *Großen Alpenlandschaft* verlorengegangen ist. Die Bäume sind zart umstrichelt, ohne festen Kontur, der Felsen mit der Burg oder auch die abfallenden Bodenwellen schneiden nicht als Scheibenflächen in die Landschaft ein, sondern sind als Schattenwerte begriffen, die die Landschaft räumlich strukturieren. Zugleich bewahrt die Radierung jenes Flimmern, das auch von den Zeichnungen Bruegels ausgeht. Dagegen ist die *Große Alpenlandschaft* übersichtlicher gestaltet. Der Kontur des zum Tal hin abfallenden Berghanges links ist durch einen Schattenton deutlich gegen das tiefe Flußtal abgesetzt, eine abfallende Linie, die mit der vorderen Schattenlinie des steilen Abhanges konkurriert.

Das Hauptmotiv der *Großen Alpenlandschaft* ist der am Gitter entlang in die Tiefe geführte Weg, der die Bildfläche nahezu diagonal durchschneidet. Er wird von zwei Bauern beschritten, während der Reiter, vor dem Abstieg kurz innehaltend, einen Blick über die Landschaft wirft. Der Betrachter des Blattes bleibt durch die verschattete Höhenlinie und den sich davor öffnenden Felsabgrund von der Landschaft getrennt, es wird ihm ein Bild, ein »gezicht« dargeboten.

Auch Bruegels bereits vorgestellte *Flußlandschaft* mit den beiden Zeichnern und eine weitere weiträumige Landschaft (Kat. 15, 16) läßt ein wirkliches Eindringen nicht zu. Der die ganze Weite der Landschaft überschauende Blick ist ein imaginierter Blick, der Blick des Ikarus auf seinem kühnen Flug, bevor er in die Tiefe stürzt. »In diesen Gemälden lehrt er uns,« so Karel van Mander, »da er in den Alpen war, ohne viel Mühe das Hinabblicken in die schwindeligen Täler, auf steile Klippen, wolkenküssende Fichten und rauschende Ströme.«[30]

Die beiden Kompositionen Bruegels entstanden im Jahre 1553 während seines Aufenthaltes in Rom. Die Figurenpaare von Merkur und Psyche und von Dädalus und Ikarus sowie zwei Unterschriften wurden erst von Joris Hoefnagel, der die Radierungen nach dem Tod Bruegels um 1590 herausgab, als Interpretation nachträglich hinzugefügt. Psyche, das Sinnbild vollkommener Schönheit, wird von Merkur, der Verkörperung aller Kunstfertigkeit, in den Olymp getragen. Die Unterschrift lautet: »Für Kunst und Geist besteht Ruhm ohne Tod«. Das tragische Beispiel des Ikarus dagegen warnt vor allzu hochfliegendem Streben und ruft zur Suche nach dem Mittelweg auf. Zu weit hatte sich dieser der Sonne genähert, die seine aus Wachs geformten Flügel schmelzen ließ. Beide Radierungen gehören bereits zur Geschichte des Nachruhms von Bruegels Landschaften.[31]

Bedeutsam für die nachfolgende Künstlergeneration war auch eine Komposition Bruegels, die als Vorlage für die Radierung von Hieronymus Cock *Die Versuchung Christi durch den Teufel* diente (Kat. 13). Auf der Vorzeichnung Bruegels in Prag, die um 1554 entstand, sind am rechten Bildrand miteinander tollende Bären dargestellt, die an Shakespeares *Wintermärchen* denken lassen. Auf der Radierung wurden die Bären gelöscht und durch die Begegnung Christi mit dem Teufel ersetzt. Ein leicht ansteigender Weg führt links in den Wald hinein.

Entscheidend für die Wirkung des Blattes ist die Gegenüberstellung von einem in Nahsicht gezeigten Waldsaum und einem sich weit in die Tiefe erstreckenden Flußlauf mit einer Stadt (Antwerpen?) am Horizont. Der Blick fixiert zwei Extreme. Nicht nur das Motiv des Waldes, das fortan zum festen Repertoire der flämischen Malerei gehörte (siehe den Beitrag von Stefan Bartilla), sondern auch der unmittelbare Wechsel zwischen Nah- und Fernsicht sollte die folgende Generation von Künstlern nachhaltig beeindrucken. Die ausgestellten Zeichnungen von David Vinckboons, Paul Bril (Umkreis) und eine Kopie nach einer Komposition von Jan Brueghel d. Ä. sind Zeugnisse für die Wirkung Bruegels (Kat. 32, 11, 17).[32]

Bruegels Gebirgslandschaften fanden in den Werken von Joos de Momper, Tobias Verhaecht und Roelant Savery eine Fortsetzung, aber auch eine entscheidende Umdeutung. Auf den ausgestellten Zeichnungen dieser Künstler geht jeweils ein Gebirgspfad vom unteren Rand des Blattes in die Tiefe, so daß das Auge des Betrachters suggestiv in die Gebirgslandschaft geführt wird. Der Blick des Ikarus ist zum Blick des Wanderers im Gebirge geworden, der am Wegrand zur Ruhe kommt, um die Höhenlage mit Hilfe seines Zeichenbuches zu erschließen.

Auf Saverys *Alpenlandschaft* (Kat. 27) bricht ein Gebirgsbach hervor, er stürzt über Geröll und geborstenes Holz in das sich weit öffnende Tal, das einen Ausblick auf den gegenüberliegenden Gebirgszug gewährt. Links führt ein Hohlweg in einen Wald hinein. Auf einer zweiten Gebirgszeichnung (Kat. 26), von J. Spicer als Arbeit eines zeitgenössischen Nachahmers Saverys angesehen, wird der Pfad von einem Bach begleitet, bevor dieser links, jener rechts um einen Felsen geführt wird, auf dem abgestorbene Tannen emporragen. Es sind möglicherweise Seilbrücken, die im Hintergrund über den Bach führen.

Savery hat seine Zeichnungen in schwarzer Kreide und Fettkohle angelegt, vermutlich auf der Grundlage einer ersten Vorzeichnung mit Graphit; die Überarbeitung erfolgte wie bei der *Felsenstudie* mit farbigen Kreiden.

Auf Verhaechts Dresdner und Hamburger Zeichnungen (Kat. 30, 31) wird der Höhenweg ebenfalls an den unteren Bildrand herangezogen oder aber, folgt man der Bewegung der Gruppe mit den beiden Lasteseln, bildeinwärts jeweils zu einer Gruppe aufragender Tannen geführt. Links davon verliert sich der Blick in einer rasch abfallenden Hügellandschaft, rechts dagegen erklimmt das Auge felsige Höhenlagen. Dem festen Kompositionstypus entsprechen einzelne, wiederholt verwendete Details, wie die schräge, kahle Tanne oder der Baumstumpf im Vordergrund. In der Strichführung beim Zeichnen der Nadelbäume und Felsen bleibt sich Verhaecht ebenfalls treu.

Auch auf Joos de Mompers Zeichnung (Kat. 23) setzt der Weg am unteren Bildrand an, führt zu einer Weggabelung und von dort aus links über eine gemauerte Brücke mit Kapelle weiter ins Gebirge, während der andere Pfad über eine schwindelerregend schmale Hängebrücke wohl talabwärts verläuft. Momper hat mit wenigen Federzügen die Landschaft erfaßt und die einzelnen Gründe durch verschiedene Töne in Aquarell voneinander abgesetzt: einen hellen, rot-braunen Ton im Vordergrund, ein Gelb-Ocker für den aufragenden Felsen im Mittelgrund und ein Hellblau, das die Komposition im Hintergrund zusammenschließt. Die Hamburger Zeichnung ist entweder das Modell für ein Gemälde Mompers in Köln oder aber, was Teréz Gerszi für wahrscheinlicher hält, eine autonome Nachzeichnung. Hierfür sprechen die Übereinstimmungen auch in der Staffage, die von Momper selbst stammt, und der große farbästhetische Reiz des Blattes.

Bei den Zeichnungen von Savery und Momper handelt es sich, trotz ihrer natürlich wirkenden Ansichten, um vollständig durchkomponierte Zeichnungen, die im Atelier ausgeführt oder fertiggestellt wurden. Die Erfassung und räumliche Ausmalung der Wege und Pfade, die das Auge des Betrachters in die Gebirgslandschaften hineinwandern lassen, unterscheiden diese Höhenzeichnungen von der planen Ebene der Kartographie ebenso wie von den Überschaulandschaften Pieter Bruegels. Die Zeichner geben hier ihr Wissen von den tatsächlichen Wegen und Pfaden wieder.

III. DIE ERFINDUNG DER LANDSCHAFT UM 1600

In einer Art Nachruf auf Pieter Bruegel lobte Abraham Ortelius seinen Freund mit den Worten: »Daß Pieter Bruegel der geübteste Künstler seines Zeitalters war, wird keiner bestreiten.« Darüber hinaus verglich er ihn mit dem antiken Maler Eupompos: »Gefragt, welchen Vorbildern er folge, antwortete der griechische Maler Eupompos, daß er der Natur selbst folge, nicht der Kunst. Dies stimmt auch für Bruegel dessen Bilder nicht künstlich, sondern natürlich erscheinen.«[33] Und Roelant Savery wurde nach seinem Tod mit den Worten geehrt: »Es schien, daß Savery die Natur übertraf, wenn er Berge, Wälder, Tiere oder Blumen abbildete (...).«[34]

Beiden Lobpreisungen liegt der Gedanke zugrunde, daß die Hinwendung des Künstlers zur Natur im Werk selbst Gestalt annimmt und die ausgeführte Landschaft nicht als ein Kunstwerk, sondern als eine zweite, künstliche Natur erscheint. Dieser Lop-Topos mag überraschen, wenn wir uns die Praxis der Landschaftsmalerei vergegenwärtigen: Kein Gemälde ist in der Natur entstanden, eine Freilichtmalerei hat es im 15. und 16. Jahrhundert nicht gegeben. Der Eindruck der Natürlichkeit beruht vielmehr auf einem Vorgang der Übersetzung der in der Natur entstandenen Zeichnung in die Sphäre der Malerei. »Natürlichkeit« in der Kunst war somit immer das Ergebnis einer Konstruktion.

Gewiß wurde die gemalte Landschaft nicht erst um 1600 erfunden. In seiner Einführung in die Geschichte der altniederländischen Malerei schrieb Otto Pächt über Gerard Davids Triptychon mit der Taufe Christi in Brügge (um 1508): »Noch halten sich Landschaft und Figuren die Waage, noch ist die Landschaft um der Figuren willen da, aber doch ist Davids *Taufe Christi* das erste einheitlich gesehene, ohne Unterschlagung des Mittelgrundes konsequent durchgeführte Landschaftsbild der Malerei, das Werk, von dem Patinir, der erste Vertreter der Landschaftskunst als einer autonomen Gattung, den entscheidenden Impuls bekommen konnte.«[35] Auf den Außenflügeln eines Triptychons mit der Geburt Christi hat Gerard David, von dessen Baumstudie bereits die Rede war, das Motiv des Waldes in die Malerei eingeführt.[36]

Die Geschichte der Landschaftsmalerei ist jedoch eine Geschichte von Gründungsmythen. So äußerte sich der Löwener Chronist Molanus über Dierc Bouts mit den Worten: »Berühmt war er als Erfinder der Landschaftsmalerei.«[37] Doch Bouts seinerseits knüpfte in seinem *Weltgerichts-Triptychon* mit der Darstellung des Paradieses an den *Genter Altar* an, das gemalte Gründungsmanifest der altniederländischen Malerei. Auf der Mitteltafel des 1432 fertiggestellten Altars mit der Anbetung des Lammes Gottes entfaltet sich eine Paradieslandschaft, die sich hinter der leichten Wölbung des Horizonts ins Unendliche zu erstrecken scheint. Die Landschaft wurde in der Folge somit immer wieder neu erfunden, von Dierc Bouts, Gerard David, Joachim Patinir, Herri Bles, Pieter Bruegel oder Roelant Savery. Jede der gemalten Landschaften sollte aber mit Blick auf den *Genter Altar* an das Versprechen auf einen paradiesischen Zustand auf Erden, auf ein Leben ohne Tod erinnern.

Joachim Patinir, vermutlich in der Gegend von Bouvignes nahe Dinant geboren, wurde 1515 in Antwerpen als Meister in der Künstlergilde registriert. Nur annähernd zwanzig Gemälde können diesem Künstler heute zugeschrieben werden, fünf davon sind signiert, keines dagegen datiert. Albrecht Dürer traf Patinir auf seiner Reise in die südlichen Niederlande im Jahre 1521 und pries ihn als einen »gut landschafft mahler«,[38] ein Ausdruck, der hier wohl erstmals verwendet wurde. Einen Eindruck von der Landschaftsauffassung Patinirs gibt neben der bereits vorgestellten Nachzeichnung (Kat. 7) das um 1520 entstandene Gemälde *Ruhe auf der Flucht* von einem vermutlich aus Brügge stammenden Maler, der sich eng an Patinir angelehnt hat (Kat. 33). Mit dessen Namen verbindet sich die tief in den Bildraum führende Flußlandschaft mit vereinzelt aufragenden Felstürmen, deren Höhe zum Horizont hin allmählich abnimmt.

Max J. Friedländer sprach von einem kartographischen Verfahren Patinirs, das die aufgefaltete Erdoberfläche von oben erfaßt; dagegen schneiden die von vorn gesehenen Felsen vertikal in die Landschaft ein.[39] Der Tiefensog wird durch die Farbperspektive verstärkt, den Übergang von kräftigen Grün- und Brauntönen im Vordergrund zu kühleren Grüntönen, die allmählich in ein dunkles Grau-Blau hineingleiten. Zum Horizont hin hellt sich die Landschaft wieder auf, zumeist bricht sich bei Patinir das warme Licht der untergegangenen Sonne in den Wolken. Die großfigurige Gruppe der Maria mit dem Jesuskind ist dagegen auf dem Hamburger Bild nicht in die Landschaft des Vordergrundes eingebunden; untypisch für Patinir ist auch die Gegenüberstellung des aus der Nähe betrachteten Waldsaumes mit dem Gitter der hinter Maria aufragenden Baumstämme – ein Motiv, das direkt auf das Vorbild Gerard David verweist. Bei Patinir erstreckt sich die Überschaulandschaft, gewöhnlich in eine kultivierte Natur- und eine rauhe Gebirgslandschaft unterteilt, über die gesamte Breite des Hintergrunds.

Patinirs Landschaftsaufteilung läßt sich auf der Mitteltafel des kleinen Hausaltärchens von Adriaen Isenbrant mit der Darstellung des hl. Hieronymus studieren (Kat. 39). Der Heilige kniet auf einer Art Vordergrundbühne, die sich ohne räumlichen Übergang dem Landschaftsprospekt anschließt. Links geht der Blick über ein von Bäumen umstelltes Dorf in eine fruchtbare Hügellandschaft, rechts hingegen schraubt sich ein Weg herauf auf eine felsige Anhöhe, die sich auf dem rechten Seitenflügel hinter der hl. Katharina weiter fortsetzt. Über dem Eremiten türmt sich eine mächtige Felsbastion auf. Auf der kleinen Kreuzigungstafel von Isenbrant (Kat. 40) findet sich dieselbe Raum- und Landschaftsaufteilung. Von beiden Gemälden existieren mehrere Fassungen, entweder eigenhändige Wiederholungen oder Werkstattrepliken und Kopien. Auch von der *Ruhe auf der Flucht* konnten bisher vier Fassungen mit derselben Figurengruppe nachgewiesen werden.

Die Unterzeichnung auf der *Kreuzigung Christi* zeigt, daß die Figuren mit Hilfe von Pausen auf die Tafel übertragen wurden, wie es im 16. Jahrhundert in den Werkstätten üblich war.[40] Man löcherte die Konturen der Vorlage mit feinen Nadelstichen, bestreute sie mit zerstossener Kohle oder Kreide und verband sodann die einzelnen Punkte auf dem Malgrund miteinander. Die Pausen ermöglichten beliebig viele Wiederholungen einer Komposition. Während sich die Figuren auf den verschiedenen Fassungen allenfalls im Maßstab unterscheiden, ist die exakte Wiederholung der Landschaft im Hintergrund die Ausnahme. Auf den beiden Hamburger Tafeln von Isenbrant wurde die Unterzeichnung der Landschaft dagegen nicht durchgepaust; die durchlaufenden Höhenzüge wurden mit feinem Strich frei vorgezeichnet und die Baumkronen mit kurzen Strichen angedeutet, die Häuser dagegen präzis umrissen.

Von den Gemälden *Christus in der Vorhölle* (Kat. 37), von einem Nachfolger Hieronymus Boschs ausgeführt, und der *Felslandschaft mit dem Gang nach Emmaus* (Kat. 36) existieren ebenfalls mehrere Wiederholungen. Allein von der *Felslandschaft* lassen sich fünf Fassungen nennen, die sich in der Gestaltung der Landschaft – wenn auch mitunter nur geringfügig – unterscheiden. Wegen des Monogrammes »LVV« war das Hamburger Bild bisher Lucas van Valckenborch zugeschrieben. Der Vergleich mit den anderen Fassungen jedoch, die alle als Werke Herri Bles' angesehen werden, spricht für eine Entstehung in dessen Werkstatt. Auch läßt sich mit der Lupe ein Käuzchen entdecken, ein Motiv, das für die gemalte Signatur des Künstlers gehalten wird (Abb. 6).

Der Name Herri met de Bles steht für eine große, gut organisierte Werkstatt, in der mit Hilfe von Skizzenbüchern weite Gebirgslandschaften wie das Hamburger Bild »in Serie« gemalt wurden. Zwei in der Ausstellung gezeigte Blätter stammen aus dem sogenannten Antwerpener Skizzenbuch in Berlin, das Holm Bevers zufolge in Bles' Werkstatt angelegt wurde (Kat. 9, 10). Auch ein zweites, das Errera-Skizzenbuch in Brüssel, stammt höchstwahrscheinlich

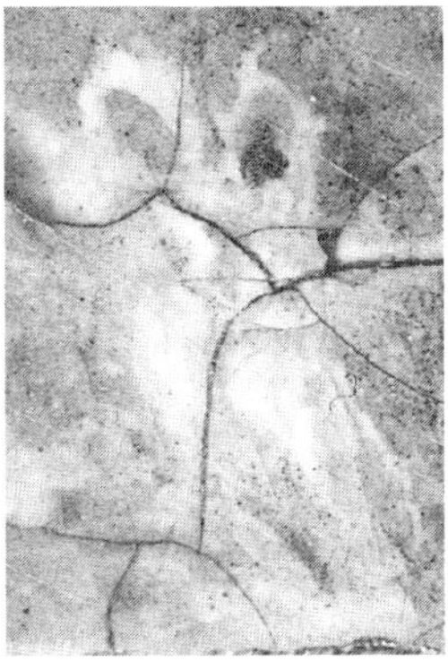

6 Herri Bles · *Käuzchen* · Ausschnitt aus *Felslandschaft mit dem Gang nach Emmaus* Kat. 36

aus dieser Werkstatt. Die Zeichnungen aus den beiden Skizzenbüchern dienten Bles immer wieder als Vorlagen für seine Gemälde. So findet sich etwa in dem Errera-Skizzenbuch die Darstellung eines Bauernhauses am Wasser, die auf allen fünf Fassungen der *Felslandschaft* zu sehen ist.[41]

Auch die Festung auf dem Bergmassiv sowie der Zentralbau auf der zweiten Zeichnung aus dem Antwerpener Skizzenbuch sind in leicht abgewandelter Form im Hamburger Bild übernommen worden. Diese Details wurden, wie die Unterzeichnung auf der Hamburger Tafel zeigt, mit Kreide vorgezeichnet (Abb. S. 53 oben). Der kompilative Charakter der Landschaft zeigt sich zudem darin, daß der Vordergrund links ohne Vermittlung zu dem tiefer liegenden Uferstreifen mit den Seetieren und Muscheln bleibt. Dem Gemälde liegt kein einheitlicher Entwurf zugrunde, sondern eine Vielzahl von Einzelstudien. Deren wiederholte Verwendung erinnert an die Praxis des Kartographen Ortelius, der in seinem *Theatrum* beständig auf vorhandene ältere Karten als Vorlagen zurückgegriffen hatte.

Bei der *Landschaft mit antiken Ruinen* (Kat. 46), die bisher einem unbekannten Frankenthaler Meister zugeschrieben war, handelt es sich ebenfalls um eine Kompilation von Einzelmotiven, wie das Nebeneinander von Ruinenlandschaft und Flußlandschaft auf den ersten Blick erkennen läßt. Auch von dieser Komposition existieren mehrere Fassungen. Das Original, in Paris, stammt von Roelant Savery, das Hamburger Bild ist die Wiederholung eines anonymen Meisters, der statt einer südländischen Küstenlandschaft den Blick auf eine Flußlandschaft mit befestigter Stadt bevorzugte. Für die Ruinen-Architektur griff Savery vermutlich auf Stichvorlagen zurück.

Aegidius Sadeler hatte 1606 in Prag ein opulentes Stichwerk mit Darstellungen antiker Bauten und Ruinen in Rom herausgegeben (Kat. 6). Wie zwei weitere kleine Ölgemälde des Künstlers zeigen, ließ sich Savery, der sich zu dieser Zeit in Prag aufhielt, durch die gestochenen Ansichten inspirieren. Auf den beiden 1613 datierten Tafeln sind die hochaufragende Ruine und das überwucherte Gewölbe des Hamburger Bildes getrennt wiedergegeben.[42] Die Zusammenführung beider Motive findet sich auf der Zeichnung Saverys in Dresden, die als Vorlage für das Gemälde in Paris angesehen wird (Kat. 24). Die Zeichnung ist rechts entlang der Ruine und des herausragenden Astes zu einem späteren Zeitpunkt sorgfältig beschnitten und um die strohgedeckte Hütte ergänzt worden. An ihrer Stelle wählte der anonyme Maler des Gemäldes die beschauliche Ansicht eines Flußtales (Huy an der Maas?).

»Tirols Wunderwesen teilte er den Niederländern mit.« Dieses Lob ist unter einem 1647 posthum erschienenen Porträt-Stich des Malers Roelant Savery zu lesen, der im Alter von 63 Jahren in Utrecht gestorben war.[43]

Savery hatte nach dem Tod Rudolfs II. 1613 Prag verlassen und war nach Amsterdam zurückgekehrt. Nach weiteren Reisen, die ihn auch nach München, Salzburg und Tirol führten, ließ er sich 1619 in Utrecht nieder. Wie eingangs erwähnt, wurden seine Landschaftszeichnungen von Adam Willaerts und dessen Sohn Abraham für eigene Kompositionen wiederverwendet. Wie jedoch die Unterzeichnung auf der Hamburger *Küstenlandschaft* verdeutlicht, hat Willaerts seine Vorlagen frei umgesetzt. Mit wenigen kräftigen Linien sind die Konturen der Felsen vorgezeichnet und einzelne Spalten oder Risse im Gestein angelegt. Die zerschundene Oberfläche des Felsens wurde mit grauer, nur dünn aufgetragener Farbe auf der ockerfarbenen Grundierung wiedergegeben. Joneath Spicer hat darauf hingewiesen, daß topographische Anspielungen in den Gemälden der Willaerts keine Rolle gespielt haben; die böhmischen Dörfer an den Küsten standen, wie die Felsen am Meer, für das Exotische, für die Fremde.[44]

Der in Utrecht tätige Maler Gillis d'Hondecoeter verwendete in seinen Zeichnungen und Gemälden ebenfalls das Studienmaterial seines Kollegen Savery. Hondecoeters Zeichnung in der Kunsthalle (Kat. 22) erinnert daher stärker an eine böhmische Landschaft als an die Umgebung seines Wohnortes. Der massive Felsblock, der sich einem Flußbett zuneigt, findet sich auf Saverys *Alpenlandschaft* (Kat. 27) vorgebildet. Pieter Stevens' Blatt zeigt eine hohe, baumbestandene Küste, die steil zum tosenden Meer herabfällt (Kat. 29). Am Ende einer Mole ragt eine Festungsarchitektur empor, rechts daneben sind die schaukelnden Masten ankernder Schiffe zu sehen. Landeinwärts führt eine Brücke über ein Tal in das hohe Felsengebirge. Von Stevens stammen weitere Ansichten böhmischer Landschaften, die von Aegidius Sadeler gestochen wurden, darunter eine Serie mit acht Ansichten Böhmens (um 1605-1610). Auch Savery fertigte Vorlagen für graphische Blätter an (Kat.28). Auf die Bedeutung dieser böhmischen Ansichten für die holländische Malerei ist mehrfach hingewiesen worden.[45]

Ein letztes Beispiel für die Erfindung der Landschaft um 1600 ist eine Tobias Verhaecht zugeschriebene *Alpenlandschaft* (Kat. 48). Dem um 1620 entstandenen Gemälde liegt als Vorlage die schon genannte Radierung *Große Alpenlandschaft* (Kat. 14) zugrunde, die eine um 1555 entstandene Komposition von Pieter Bruegel wiedergibt. Bei der Übersetzung ins Gemälde wurden die schroffen Felsen mit den kletternden Gemsen im Vordergrund rechts nicht übernommen. Hingegen führt nun ein Pfad die Heilige Familie auf ihrer Flucht nach Ägypten sicher am Abgrund vorbei. Von der Komposition existiert eine zweite, ebenfalls im Stil von Verhaecht gemalte Fassung. Die Ausführung des Hamburger Bildes wirkt jedoch stark vereinfacht, vermutlich handelt es sich um eine Schülerarbeit in der Manier des Meisters.

Das Verfahren der Kompilation, das Aufgreifen von Vorlagen aus Skizzenbüchern, die Verwendung von Zeichnungen anderer Künstler oder die Wiederholung von Stichvorlagen können als Grundlagen der Landschaftsmalerei um 1600 angesehen werden. So kann von jedem der ausgestellten Gemälde eine Vielzahl von Wiederholungen, Repliken oder Kopien nachgewiesen werden.

IV. MASSSTABSFRAGEN: WELTLANDSCHAFT – GEMALTE CHOROGRAPHIE

Entsprechen sich Kartographie und Malerei in ihrem kompilativen Umgang mit älteren Vorlagen, so findet auch die Reduzierung der großen Wandkarte, der mappa mundi, zum handlichen Atlas und die Verengung des Ausschnittes von der Weltkarte zur Karte der Region eine Parallele in der Malerei. Die Überschaulandschaften von Patinir verhalten sich zu den engen Waldausschnitten von Savery, Schoubroek oder der *Predigt des Johannes* von einem anonymen flämischen Meister wie die Weltkarte am Beginn des *Theatrum* von Ortelius zu der Karte Böhmens. Die meisten der um 1600 entstandenen Gemälde besitzen allenfalls noch Kartengröße, wobei die Figuren zur Staffage reduziert wurden. Die symbolisch überformte Landschaft von Patinir scheint von einer gemalten Chorographie abgelöst worden zu sein, die in den Gemälden Saverys ihren prägnantesten Ausdruck gefunden hat.

Van Mander kommt in seiner Biographie Patinirs auf eine besondere Betrachtungsweise der Weltlandschaften zu sprechen, indem er auf einen kleinen Kacker aufmerksam macht, »den man manchmal ebenso lange suchen (muß) wie das Käuzchen des Herri met de Bles«.[46] Auch auf der Hamburger *Felslandschaft* von Bles ist das gemalte Signet des Künstlers, das Käuzchen, mit dem bloßen Auge kaum zu erkennen (Abb. 6). Geht aber bei Bles die Verkleinerung der Figuren mit der Verminderung des Bildformates einher, so dominieren auf den Weltlandschaften Patinirs zunächst die Figuren im Vordergrund. Tritt man dann, wie Van Mander nahelegt, näher an die Bilder heran, so entdeckt der Betrachter etwa in der Hamburger *Ruhe auf der Flucht* ein verzweigtes Wegenetz sowie eine Vielzahl von Begebenheiten, die mit der Vordergrundsszene in Zusammenhang stehen: die heransprengenden Truppen des Herodes, den Bethlehemitischen Kindermord und die Flucht der Heiligen Familie nach Ägypten. Der Betrachter wird so zum Leser einer Karte, der nicht mehr nur die ruhende Maria mit dem Jesuskind andächtig aus der Distanz betrachtet, sondern mit der Neugierde des Entdeckers in der Landschaft wandelt und die aufgespürten Szenen zu einer Geschichte zusammenführt.

Auf dem Gemälde des Meisters der Ursula-Legende ist im Hintergrund winzig klein die Taufe Christi dargestellt (Kat. 41), auf Isenbrants *Hl. Hieronymus* (Kat. 39) eine weitere Episode aus der Geschichte des Heiligen. Ein eindrucksvoller, wenn auch später Beleg für den kartographischen Effekt der Malerei ist Frans Franckens *Rast der Israeliten am Roten Meer* von 1621 (Kat. 38). Gezeigt ist im Hintergrund der Durchzug der Ägypter durch das Rote Meer, am Ufer die Gestalt des Moses, auf dessen Zeichen hin die Wassermassen über die Verfolger hereinbrechen, und auf dem Plateau links, mit bloßem Auge kaum zu erkennen, Moses auf dem Berg Sinai. Die simultan dargestellten Ereignisse können vom Betrachter beim »Wandern« im Bild aufgegriffen und in eine dem Bericht der Heiligen Schrift entsprechende Handlungsabfolge rückübersetzt werden. Ziel dieser Wanderung ist die im Vordergrund wiedergegebene Hauptszene, die Rast der Israeliten nach dem Durchzug durchs Meer.

Reindert Falkenburg hat die Landschaftsprospekte auf den Gemälden Patinirs mit den kleinen Figuren als Allegorie des Lebensweges oder der fortwährenden Pilgerreise beschrieben. Die Heiligengeschichten auf der Bühne einer naturgetreu wiedergegebenen Landschaft, das Leben Christi, die Einsiedelei des Hieronymus oder die Lebenswege der Apostel, erscheinen als Pilgerfahrten auf dem rechten Weg zu Gott. Sie boten dem Betrachter Identifikationsmöglichkeiten, mit deren Hilfe er den eigenen Lebensentwurf überprüfen konnte.[47]

Der Kirchenvater Hieronymus hatte in seinem Brief an Eustochius dargelegt, warum er den sündigen Ort der Stadt, wo Reichtum, Luxus und Vergnügen herrschten, verlassen und sich in der Wüste von Chalkis zur Buße zurückgezogen habe. In der Einsamkeit der Wüste trachtete er, gepeinigt durch sündiges Verlangen und fleischliche Lüste, sich selbst zu züchtigen. Auf Isenbrants Gemälde hat er seine Kardinalstracht bereits abgelegt. Die Landschaft im Hintergrund ist jedoch alles andere als eine Wüstenlandschaft, nur der hinter Hieronymus aufragende Felsturm kann als ein Gleichnis für den Ort der Wüste angesehen werden, den der Heilige wie folgt beschrieben hat: »Wo ich eine Talschlucht, einen rauhen Berg, ein zackiges Felsgebilde sah, da ließ ich mich nieder zum Gebete (...).«[48] Nur aus nächster Nähe ist unterhalb des Felsens eine Weggabelung zu entdecken, von der links ein Pfad über Felsstufen zu der Bastion führt. Ist der schwierige Pfad somit eine Anspielung auf den von Hieronymus eingeschlagenen Weg zur Gotteserkenntnis, so fungiert der Felsturm als eine bildliche Anspielung auf den Bibelspruch: »Der Herr ist mein Fels und meine Burg und meine Errettung.« (2. Samuel 22,2)

Auch auf dem Täfelchen mit der Kreuzigung erhebt sich hinter der trauernden Maria ein Felsmassiv, davor führt ein Weg durch ein großes Tor ins himmlische Jerusalem. Die Felsbastion, fest verankert in der verführerischen Weite der Landschaft, gehört wie das Motiv des 'rechten' Weges und des abgestorbenen Baumstammes zum festen Repertoire der symbolischen Überhöhung in Patinirs Überschaulandschaften. Und auch bei Isenbrant verhalten sich Distanz und absolute Nähe, die beiden Betrachtungsweisen der altniederländischen Malerei, analog dem Verhältnis von Andacht und kartographischer Entdeckung.

Auf Herri Bles' *Felslandschaft mit dem Gang nach Emmaus* geht die Entfaltung der autonomen Landschaft mit der Verminderung des Bildformats und der Verkleinerung der Figuren einher. Das wechselnde Verhältnis von Nähe und Ferne, das die Gemälde Patinirs auszeichnet, wird so zugunsten der Nähe aufgehoben. Dafür aber wird die Beziehung von Nähe und Ferne selbst zum Thema der Landschaftsmalerei, sowohl bei Herri Bles und Pieter Bruegel als auch bei David Vinckboons. Auf Bles' Gemälde fixiert der Blick zwei Extreme, im Hintergrund die gleißende Zerstäubung der Ferne und vorn die Anhäufung winziger Wesen am Strand.

Auf Bruegels *Flußlandschaft mit Merkur und Psyche* sind die Blickweisen ineinander verwoben; geht der Blick der beiden Zeichner auf das gegenüberliegende Ufer des Flusses, so zeigt das Blatt selbst eine Überschaulandschaft. In der *Großen Alpenlandschaft* stehen die auf den Felsengipfeln kletternden Gemsen im Vordergrund in extremer Distanz zu einer winzig kleinen Gemse auf einem einzelnen Felsengipfel links in der Ferne. Und auch in der *Versuchung Christi* (Kat. 13) wird der Blick auf eine sich weit ausdehnende Flußlandschaft und eine Stadt am Horizont, vielleicht Antwerpen, mit der nahsichtigen Erfassung des Waldsaumes konfrontiert. Durch diesen Kontrast scheint der Vordergrund dem Betrachter näher gerückt, der Anblick der Ferne dagegen noch weiter in die Tiefe verlegt.

Van Mander beschreibt dieses Verfahren, wenn er dem Künstler rät, den »Vordergrund schwer« zu machen, d. h. durch einen größeren, mit kräftigen Farben gemalten Gegenstand festzulegen, um dadurch den Mittel- und Hintergrund zurückweichen zu lassen.[49] Der teleskopische Blick konkurriert mit dem mikroskopischen. Der Darstellung der Versuchung Christi durch den Teufel kommt daher eine programmatische Aussage zu: »Wiederum führte der Teufel ihn (Jesus) mit sich auf einen sehr hohen Berg und zeigte ihm alle Reiche der Welt und ihre Herrlichkeit und sprach zu ihm: Das alles will ich dir geben, so du niederfällst und mich anbetest« (Matth. 4,8-9). Der Blick vom Berg mit dem »Angesicht« der versprochenen Landschaft wird für den Stich durch das Okular des Teleskops eingefangen und als Versprechen des Teufels vor dem Auge des Betrachters ausgebreitet.

Knapp siebzig Jahre später kommt Constantijn Huygens in Anspielung auf das Fernrohr zu folgender Deutung der Versuchungsszene: »Wer will sagen, ob der Versucher (der Teufel) nicht / Über ebendiese Gläser verfüge, / Als er dem Herrn zeigte / Alle Königreiche der Erde?«[50] Die Herrlichkeiten der sich bis zum Horizont erstreckenden Flußlandschaft, die das Fernrohr erfaßt, können somit wie der Turmbau zu Babel als ein weiteres Beispiel für die menschliche Faszination am Maßlosen und als Zeichen seiner Orientierungslosigkeit und Verwirrung angesehen werden. Zugleich hat Bruegel den Ort der Verführung, die Wüste, als Wald dargestellt, der aber für Christus der Ort der Umkehr ist.

Das kleine Format der Gemälde von Bles sollte sich in der Landschaftsmalerei weiter durchsetzen. Müller Hofstede spricht gar von einer Universalisierung des kleinformatigen Bildes bei Jan Brueghel d. Ä.[51] Und Van Mander berichtet über ihn: »Er hat sich höchste Anerkennung erworben durch Landschaften und sehr kleine Figuren (Landtschapkens en seer cleen beeldekens), die er unvergleichlich schön zu formulieren weiß«.[52] Das in der Nachfolge Jan Brueghels entstandene Gemälde *Die Taufe des Kämmerers* (Kat. 35) und die lange Zeit Adam Elsheimer zugeschriebene *Predigt des Johannes* (Kat. 34) gehören zu der neuen Gattung des sogenannten Kabinettbildes. Diese fand vor allem bei den Antwerpener Sammlern großen Zuspruch; so empfahl Peter Paul Rubens der Witwe Elsheimers, eine kleine Kupfertafel mit der *Flucht nach Ägypten* nach Antwerpen zu schicken, »denn es gibt hier ungezählte Interessenten, die sich besonders an kleinen Bildern erfreuen (...).«[53]

Der Umgang mit den kleinformatigen Gemälden wurde daraufhin ebenfalls selbst zum Thema der Malerei. Die *Allegorie des Gesichtssinnes* von Rubens und Jan Brueghel d. Ä. im Prado zeigt im Zentrum der Komposition die sitzende Gestalt der *Juno Optica* bei der Betrachtung eines kleinen Gemäldes (Abb. 7). Der Abstand zwischen der Göttin und dem gerahmten Tafelbild beträgt nicht mehr als 30 cm. Diese Betrachtungsweise wird durch einen Affen ironisch kommentiert, der sich bei der kennerschaftlichen Inspektion eines Seestücks zusätzlich noch der Brille bedient.

7 Peter Paul Rubens, Jan Brueghel d. Ä.
Allegorie des Gesichtssinnes · Ausschnitt
Museo del Prado, Madrid

Tatsächlich bedarf es dieser Nähe zum Bild und der Lupe, um alle Einzelheiten der Waldlandschaften zu entdecken: die in den Bäumen versteckten Vögel und anderen Tiere in der *Predigt des Johannes* oder das Skelett am Waldrand auf dem Gemälde *Die Taufe des Kämmerers*. Diese Betrachtungsweise lenkt die Aufmerksamkeit darüber hinaus auf die sorgfältige malerische Ausführung, die jedem Detail gleichermaßen zuteil wird. Hierbei spielt die Kupferplatte als Bildträger eine wichtige Rolle, da sie einen feinen, präzisen Farbauftrag erfordert. Der Betrachter wird zum Kenner der künstlerischen Handschrift, die Gemälde zu Sammelobjekten, die aufgrund ihrer Kunstfertigkeit geschätzt und erworben wurden.

Der symbolischen Überfrachtung der Überschaulandschaft wird durch Roelant Savery zu Beginn des 17. Jahrhunderts ein Ende gesetzt. Seine Felszeichnungen sind das Resultat eines geologischen Interesses, das der Oberfläche des Steines und dessen Veränderungen im Spiel des Lichtes gilt (Kat. 25). Für den alpinen Ursprung des gezeichneten Felsens spricht die vertikale Schichtung des Gesteins, das sich vor über 120 Millionen Jahren in einem Ozean horizontal ablagerte und vor 65 Millionen Jahren zu einem Faltengebirge, den heutigen Alpen, auftürmte. Savery entdeckt die Alpenlandschaft als eine geologische Formation mit einer eigenen Geschichte. Jedoch ist es der von Menschenhand bearbeitete Stein in der Form der Ruine, der die neue Zeiterfahrung tatsächlich zum Ausdruck zu bringen vermag. Die Ruine offenbart die Gesetzmäßigkeit und Kraft der Natur, die jeder gebauten Überformung trotzt, indem sie sich der Bauten wieder bemächtigt, sie in sich aufnimmt und mit dem Zierrat der Pflanzen und Bäume überwuchert.

Saverys Berg- und Waldlandschaften sind zudem gemalte Chorographien, worauf Martin Warnke hingewiesen hat. Sie zeigen eine nicht kultivierte Landschaft mit urwaldähnlichen Sümpfen und vermodernden Bäumen, die als »Beschreibungen von Grenzgebieten« aufgefaßt werden können (Kat. 44). »Die spektakuläre Sperrigkeit dieser Grenzforste beschriebe dem Herrscher (gemeint ist Rudolf II.) die Sicherheit und Unpassierbarkeit seiner Grenzen (...).«[54] Erinnern wir uns: Apianus hatte die Chorographie als die Erfassung einzelner Plätze oder Orte beschrieben, ohne daß diese zueinander oder zu einem Gesamtentwurf der Erde, zur Überschaulandschaft, ins Verhältnis gesetzt würden. Saverys Zeichnungen und Gemälde bewahren trotz ihres künstlerischen Arrangements jederzeit ihren topographischen Charakter. Von der gezeichneten oder gemalten Chorographie Böhmens ist es nur ein kurzer Weg zu der holländischen Landschaftskunst des 17. Jahrhunderts, zu den Landschaften von Essais van de Velde, Jan van Goyen oder Jacob Ruisdael.[55]

V. GEOGRAPHIA SACRA

Zu den interessantesten Unternehmungen der Kartographie des 16. Jahrhunderts gehört der Versuch, im Rahmen einer allgemeinen Historiographie die bedeutendsten Werke der Literatur, wie die *Ilias* Homers, die *Metamorphosen* Ovids oder aber die *Heilige Schrift,* topographisch zu verorten. So wurde 1579 der Ausgabe des *Theatrum* erstmals ein historischer Atlas beigefügt, das *Parergon Theatri.* Diese Ergänzung enthielt eine historische Karte Griechenlands und Kleinasiens, eine Karte des römischen Weltreiches und eine Karte des alten Griechenland.[56] Bereits 1592 erschien das *Parergon* als selbständiger Band des *Theatrum* mit eigenem Titelblatt, eigener Paginierung und Einleitung sowie einer großen Anzahl neu hinzugefügter historischer Karten Europas, einzelner Provinzen und Landstriche. Vor allem das historische Verständnis des biblischen Geschehens im Alten und Neuen Testament sollte durch das Studium dieser Karten befördert werden.

Die historische Karte Kleinasiens (Kat. 4) trägt die Überschrift »Peregrinationis Divi Pauli Typus Chorographicus (…)«. Zwei Illustrationen mit Szenen aus dem Leben des Apostels Paulus schmücken das Blatt am oberen Rand: die *Bekehrung Pauli* in Damaskus und das *Schlangenwunder.* Der Benutzer der Karte ist aufgefordert, die dargestellten Ereignisse aus dem Leben des Apostels auf die Karte zu projizieren. Eine weitere Karte des Heiligen Landes Kanaan, der *Terra Chanaan,* wird von 24 Medaillons mit Darstellungen aus dem Leben des Erzvaters Abraham gerahmt; der jeweilige Ort des Geschehens ist wiederum auf die Karte zu übertragen.[57]

Idealiter lassen sich somit alle Ereignisse der Heiligen Schrift auf der Karte lokalisieren und in eine räumliche Abfolge bringen, die der jeweiligen biblischen Erzählung entspricht: Die Flucht des israelitischen Volkes aus Ägypten nach Kanaan, die Flucht der Heiligen Familie aus Bethlehem nach Ägypten, der Gang der Jünger von Jerusalem nach Emmaus, die Rückreise des Kämmerers von Jerusalem nach Äthiopien, aber auch die Wanderung des hl. Hieronymus von Rom über Jerusalem in die Wüste Chalkis. Man wandert mit den Heiligen in den Karten und durchmißt die Wüsten und Täler, besucht die heiligen Städte Palästinas oder befährt gemeinsam die Meere. Immer geht es um die Verräumlichung des Textes auf der Karte.

Große Bedeutung innerhalb des *Parergon* kommt der Karte *Palestina* von Tileman Stella zu (Kat. 3). Die Karte zeigt Ägypten mit dem Nildelta, die Wüste Sinai und das Gebiet Palästinas bis nach Beirut. Als einzige Wegstrecke ist der Zug des israelitischen Volkes aus Ägypten ins Land Kanaan eingezeichnet. Entlang der 41 markierten Lagerplätze läßt sich der 40

Jahre dauernde Exodus auf der Karte nachvollziehen. Die einzelnen Stationen des in Ramses beginnenden Zuges sind Sukkoth (2), Etham (3) und Pihachiroth (4), bevor Moses das Volk durch das Rote Meer geleitet. Der Weg führt dann über Mara (5) und Elim (6) weiter in die felsige Wüste (4. Mose 33,1-49).

Die Karte Palästinas ermöglicht nicht nur eine archäologisch bestimmte Lektüre, sondern hat vor allem eine memoriale Funktion. So erinnern die Namen der 41 Lagerstätten an den Gründungsmythos des israelitischen Volkes. Auf dem Weg durch die Wüste werden die Israeliten durch Gott aus der Knechtschaft Ägyptens in das versprochene Land Kanaan geführt. Auf Frans Franckens Gemälde (Kat. 38) ist die Wolken- und Feuersäule zu sehen, von der es heißt: »Und der Herr zog vor ihnen her, am Tage in einer Wolkensäule, um sie den rechten Weg zu führen, und bei Nacht in einer Feuersäule, um ihnen zu leuchten, damit sie Tag und Nacht wandern konnten« (2. Mose 13,21.).

»Und gedenke des ganzen Weges«, heißt es im 5. Buch Mose (8,2). Als »Erinnerungsfigur«, so Jan Assmann,[58] ruft der Exodus den auf diesem Weg geschlossenen Bund Gottes mit dem auserwählten Volk Israel immer wieder ins Gedächtnis. »Der Bund wird geschlossen zwischen einem überweltlichen, fremden Gott, der auf Erden keinen Tempel und keinen Kultort hat, und einem Volk, das sich auf der Wanderung zwischen dem einen Land, Ägypten, und dem anderen Land, Kanaan, im Niemandsland der sinaitischen Wüste befindet.« Der Bundesschluß ist »extraterritorial und daher von keinem Territorium abhängig. In diesem Bund kann man überall verbleiben, wohin auch immer auf der Welt es einen verschlägt.«[59] Es ist also der Raum der Wüste, der als Ort der Flucht zugleich als Ort der göttlichen Offenbarung ausgewiesen ist. Hier findet das Volk Israel den 'einen' Weg, der jedoch beständig in Gefahr ist, vergessen zu werden, wie der Tanz um das Goldene Kalb zeigt.

Das von Moses mit Gott auf diesem Weg geschlossene Bündnis stiftet die Religion des Einen Gottes, den monotheistischen Glauben, und setzt den radikalen Bruch mit der Verehrung aller mischgestaltigen Götter voraus. Gott – bezeichnet als »Der Israel aus Ägypten herausgeführt hat« – ist der einzige, absolute Gott, von dem sich das Volk Israel kein Bild machen darf. Denn Bilder sind immer »andere Götter«, der wahre Gott aber ist unabbildbar. Am Beginn der jüdisch-christlichen Geschichte steht somit die Unterscheidung zwischen der wahren und der unwahren Religion, die »Mosaische Unterscheidung«, die den Ausschluß des Andersgläubigen zum Prinzip hat. Von jetzt an »verkörpert Israel die Wahrheit, Ägypten dagegen Finsternis und Lüge.« »Wenn diese Unterscheidung einmal getroffen wird, dann kehrt sie innerhalb der durch sie gespaltenen Räume endlos wieder.

Wir fangen an mit Christen und Heiden und enden bei Katholiken und Protestanten, Lutheranern und Calvinisten (...)«.[60]

Mit dieser Feststellung ist eine Brücke ins 16. Jahrhundert geschlagen, in eine Zeit der Glaubenskämpfe, die von Intoleranz und Gewalt geprägt ist. Im Jahre 1566 entluden sich die gesellschaftlich-religiösen Spannungen in den südlichen Niederlanden erstmals in einem »Bildersturm«. In allen größeren Städten der Niederlande, in Brügge, Gent und Antwerpen, wurden die Kirchen ihrer Bilderschätze, der Altäre und Statuen, gewaltsam beraubt. Eine über Jahrhunderte hinweg nicht in Frage gestellte Funktion des Tafelbildes als religiöses Andachtsbild wurde durch die calvinistische Glaubenslehre radikal verworfen.

Der Bildersturm verbreitete sich rasch bis in die nördlichen Provinzen Utrecht und Holland. Nach einer ersten Phase der politischen Konsolidierung sollten die Unruhen in den siebziger Jahren jedoch erneut aufflammen und zu der territorialen Loslösung der sieben nördlichen Provinzen, der heutigen Niederlande, von den weiterhin unter spanischer Herrschaft stehenden südlichen Niederlanden, dem heutigen Belgien, führen. Nach der Rückeroberung Antwerpens durch die spanischen Truppen 1585 verließen viele Künstler aus Glaubensgründen die Stadt und gingen, worauf bereits hingewiesen wurde, ins Exil nach Amsterdam, Prag oder Frankenthal.

Es scheint, daß das kleine Format der Wald- und Flußlandschaften eine erste, schüchterne Antwort der Künstler auf den gewaltsamen Bildersturm gewesen ist. Die Gemälde dienen nun nicht mehr als Altargemälde, die Heiligen sind zu zierlichen Staffagefiguren geschrumpft, die keine Andacht, sondern minutiöse Betrachtung erfordern. Der kleine Figurenmaßstab appelliert, worauf Thomas Puttfarken für das Andachtsbild aufmerksam gemacht hat, stärker an die imaginative Vorstellungskraft des Betrachters.[61] Die unüberschaubare Anzahl von Darstellungen immer gleicher Themen wie der *Versuchung Christi,* der *Taufe des Kämmerers* oder der *Predigt des Johannes* kann wie die *Flucht nach Ägypten* als Bestandteil einer visuellen Erinnerungskultur, als »eine artifizielle Steigerungsform der ›mémoire collective‹«,[62] aufgefaßt werden. Die Gemälde erinnern an die Erfahrung der Vertreibung, der Flucht, des Exils oder an den Kampf für das Recht auf freie Religionsausübung, indem sie die realen historischen Erlebnisse und Traumata in den biblischen Stoff einkleiden. Darüber hinaus aber bewahren sie das Gedächtnis an jenen »extraterritorialen« Ort der Flucht oder des Exils, an die Wüste oder den Wald, der jeweils durch das Bündnis mit Gott und das durch die göttliche Offenbarung verliehene Wegwissen ausgewiesen ist.

Die Spannung, die die kleinformatigen Landschaften um 1600 zum Ausdruck bringen, läßt sich vielleicht in einem Bild zusammenfassen: Nachdem Moses 40 Jahre lang das israelitische Volk durch die Wüste nach Kanaan geführt hat, empfängt er die göttliche Botschaft, daß er selbst das versprochene Land, in dem Honig und Milch fließen, nicht mehr betreten wird, aber noch vor seinem Tode sehen darf: »Und Mose stieg aus dem Jordantal der Moabiter auf den Berg Nebo, den Gipfel des Gebirges Pisga, gegenüber Jericho. Und der Herr zeigte ihm das ganze Land. (...) Ich will es deinen Nachkommen geben. Du hast es mit deinen Augen gesehen, aber du sollst nicht hinübergehen« (5. Mose 35,1-4). Die gemalten Landschaften sind mit jenem Anblick zu vergleichen, der sich Moses auf dem Berg Nebo zeigte. Sie stellen befriedete Gegenden dar, ein Land der Verheißung, unerreichbar für den Betrachter, es sei denn, er durchwandert die Wald- und Hügellandschaften mit den Augen.

VI. DIE KÜNDIGUNG DER GESCHICHTE

»innen räumt (die Wüste) dich aus, und ich lasse mich ausräumen, mich anträumen von ihr, von den harten Steingebirgen.« Das *Wüstenbuch* von Ingeborg Bachmann, das die ersten Entwürfe zum *Buch Franza* festhält, beschreibt mehr als eine Flucht nach Ägypten. Aus der Stadt fliehend, getrieben durch persönliche Verletzungen, wird die Reise der vorerst namenlosen Protagonistin zu einer Rückkehr nach Ägypten, entgegen aller Warnungen und entworfenen Schreckensszenarien über das Land der Finsternis und Lüge, des Polytheismus und der Idolatrie. Ingeborg Bachmann spricht selbst von einer »Rückreise«: »alle meine Gedanken in die Wüste werfend, noch einmal, damit sie mir ein Bild zurückwirft, diese niederträchtige und schöne Wüste, aus der unsere Gedanken und Ordnungen kommen.«[63]

Das Eindringen in die Wüste ist zuallererst die Erfahrung einer reinen Landschaft, die von dem Betrachter allmählich Besitz ergreift. Die Schönheit der Landschaft ist ihre Leere, in der sich alle Wege verlieren: »dann ist da Wüste, links und rechts, und dann ist nichts«.[64] Und werden anfänglich die Augen noch neugierig beschäftigt, so »rinnt« nun langsam die Wüste in die Augen, denn »sie ist auf jedem Kilometer versessen auf den Betrachtenden, sie ist stärker als alle Bilder, die je ins Aug gegangen sind.«[65] Immer wieder schlägt Ingeborg Bachmann dieses Thema an: »Die Augen, die toten Augen und ausgeronnenen Augen, lassen die Wüste nicht mehr los, die Wüste tritt mit sanfter Überredung in die Augen, mit ihren unendlichen Zeichnungen.«[66] »Die Augen und die Wüste und die Wüste in den Augen, erst Stunden, dann Tage lang, die Haltlosen im Haltlosen, die immer reineren Blicke, immer leerer werdenden Augen in der einzigen Landschaft, die heilt.«[67]

Ingeborg Bachmann entwirft eine emotionale Beziehung zur Landschaft, die vermutlich auch die von Pieter Bruegel, Joos de Momper oder Roelant Savery gewesen ist. Denn die Künstler des 16. Jahrhunderts waren von den Wald- und Gebirgslandschaften ebenfalls besessen; und auch sie haben sich von den »unendlichen Zeichnungen« der Natur selbst überreden lassen. Im Unterschied jedoch zu dem von Bachmann entworfenen Bild der Wüste ließe sich anhand der Zeichnungen und Gemälde behaupten, daß die Augen der Künstler damals immer voller wurden, sie immer mehr Halt fanden in den sich auftürmenden Gesteinen und Bergmassiven, daß in ihnen eine immer größere Neugierde entfacht wurde, auch die unzugänglichsten Pfade zu betreten.

Ingeborg Bachmann läßt keinen Zweifel daran, daß die von ihr beschriebene Landschaft »nur das richtige Äquivalent eines Raumes«[68] ist, den die Protagonistin für ihre Flucht aus der Gesellschaft und für ihre Vorstellungen gewählt hat. Die Wüste, geschichts- und ortlos zugleich, wird zum Spiegel einer sich schonungslos offenbarenden Wahrheit. Zum einen zerstört sie den Glauben an jede Form der bildlichen Repräsentation: »(...) ich weiß nicht, was das Marienbild hier zu tun hat, hier ist doch Sand, Sand, hier sind die Erscheinungen, hier braucht es keine Bilder.«[69] Zum anderen bleibt die Wüste in ihrer Mächtigkeit und Schönheit nach wie vor ein Ort der Versuchung und Läuterung, der jedoch zu einer negativen Einsicht führt: »Ich bin in einer Wüste, die von zerbrochenen Gotteserwartungen umsäumt wird. Gott wird nicht kommen, es wird zu spät sein (...). Aber, wahrlich, ich sage euch, in der Wüste, da muß Gott einmal gewesen sein.«[70] Das von der Wüstenlandschaft zurückgeworfene Bild gerinnt zur Halluzination, »es war aber ganz schwarz, vor lauter Licht und Wüste, es war so, und es (war) zerbrochen.«[71] Kein Weg führt mehr aus der Wüste heraus.

Diese Einsicht führt zusammen mit der lebensgeschichtlichen Gewißheit, das Gefühl der Geborgenheit und der Gefahr seien »Projektionen, die großen Einbildungen, die Verheerungen durch Einbildungen (...)«,[72] hinter die alten mosaischen Gesetze zurück: »Ich habe diese Sitten und diese Moral zerlacht, (ach), du weißt es, ich habe die Niedrigkeit meiner Rasse bewiesen, mit meiner Sinnlichkeit, mit meiner Gier (...).«[73] Wie das Gedicht *Böhmen liegt am Meer* erinnert das *Wüstenbuch* an die beständige Gefahr des Verlustes der Wege. Bereits in einem der ersten ihrer Gedichte heißt es lapidar: »Ich kann in keinem Weg mehr einen Weg sehen.«[74] Die Rückkehr nach Ägypten ist der extreme Weg, diesem Verlust der Wege zu trotzen.

Der Durchgang durch das *Wüstenbuch* von Ingeborg Bachmann hat uns zu jenem Ausdruck »Äquivalent eines Raumes« geführt, den wir auch zur

Beschreibung der frühen flämischen Landschaft um 1600 verwenden können. Die in der Ausstellung versammelten Zeichnungen und Gemälde lassen sich aufgrund ihres fiktiven Charakters als Äquivalente eines Vorstellungsraumes beschreiben, in dem die zeitgenössischen Betrachter ihre alltäglichen Erfahrungen und Ängste hinter sich lassen konnten. Anstelle der Wüste steht hier die Küstenlandschaft Böhmens als Inbegriff einer imaginären Landschaft. Diese barg das Versprechen auf einen Ort, der durch das Bündnis mit Gott als ein befriedeter Ort gelten konnte. Auf ihrem Territorium, der Fläche der Zeichnung und des Gemäldes, hatten die Maler den Weg zu diesem imaginären Raum gewiesen. Es lag an den damaligen Betrachtern, ihn zu begehen.

Anmerkungen

1 Frans Halsmuseum, Haarlem, Inv.Nr. 586; vgl. Spicer 1997, S. 30, Abb. 8.

2 Akt III. Szene 3,2. Zit. nach *The Winter's Tale/Das Wintermärchen,* engl./dt., übers. u. hrsg. von Herbert Geisen, Stuttgart 1987, S. 88f.

3 III. 2,11; III, 3, 31; IV, 1,21.

4 III. 3,3-4.

5 Ingeborg Bachmann, *Sämtliche Gedichte,* München/Zürich 1996 (5. Aufl.), S. 177f.

6 Zit. nach Kurt Bartsch, *Ingeborg Bachmann,* Stuttgart 1988, S. 133.

7 *Sämtliche Gedichte* (wie Anm. 5), S. 177. Zur Entstehung des Gedichtes zuletzt Sigrid Weigel, *Ingeborg Bachmann,* Wien 1999, S. 355-364.

8 Zit. nach Bartsch 1988 (wie Anm. 6), S. 132.

9 Der Titel des Aufsatzes ist Peter Handkes Epopöe vom Verschwinden der Wege entlehnt, s. Peter Handke, *Noch einmal für Thukydides,* München 1997.

10 Vgl. den Kommentar von Ingeborg Botz in: *William Shakespeare. The Winter's Tale/Das Wintermärchen,* Tübingen 1986, S. 150f., zu Anm. 2.

11 Sigmundt Feyrabend (?), *Cosmographia, Das ist: Warhaffte eigentliche und kurtze Beschreibung deß gantzen Erdbodens (...),* Frankfurt a. M. 1576, S. 33.

12 Zu Ortelius' Kartenwerk s. Hossam Elkhadem, Onstaan van een concept: Het Theatrum Orbis Terrarum van Ortelius, in: Kat. Antwerpen 1998, S. 31-42.

13 S. Karrow, Jr., 1993, S. 127, Nr. 22/2.1.

14 Zum Verfahren der Chorographie Alpers 1985, S. 234-237; Gibson 1989, S. 48-59: The Mirror and Portrait of the Earth.

15 Zur Verwendung des Begriffs Landschaft im 16. Jahrhundert s. Müller Hofstede 1979, S. 120f.

16 Zur Faszination der Karte s. Gibson 1989, S. 54.

17 Peter H. Meurer, De Cartograaf Abraham Ortelius, in: Kat. Antwerpen 1998, S. 47.

18 Zit. nach Elkhadem (wie Anm. 12) in: Kat. Antwerpen 1998, S. 37.

19 Vgl. die Stadtansichten von Melchisedeck van Hooren in Hollstein IX, 1953, S. 144.

20 Karrow, Jr., 1993, S. 22, Nr. 1/185; ferner Kat. Antwerpen 1998, S. 87-90, Abb. S. 91.

21 Ovid, *Metamorphosen,* I., 568-570, zit. nach der Übers. von Erich Rösch, München/Zürich, 1988 (11. Aufl.), S. 35.

22 *Cosmographia* (wie Anm. 11), S. 33.

23 Rupprich 1956, Bd. 1, S. 167.

24 Müller Hofstede 1979, S. 117.

25 Hierzu grundlegend Müller Hofstede 1979, S. 114-125.

26 Van Mander 1906, Bd. 1, S. 255-257.

27 Jürgen Müller, »Pieter der Drollige« oder der Mythos vom Bauern-Bruegel, in: *Pieter Breughel d. J./Jan Brueghel d. Ä. Flämische Malerei um 1600. Tradition und Fortschritt,* Ausst. Katalog Villa Hügel, Essen 1997, S. 46f., mit Hinweis auf Quintilian; zu Bruegels Landschaftsentwürfen s. Busch 1997, S. 16-30.

28 Nalis 1998, Bd. 1, S. 13-21, Nrn. 10-21.

29 Zur Vorzeichnung zur *Hasenjagd* im Institut Néerlandais, Fondation Custodia (Coll.F. Lugt), Paris, Inv.Nr. 6959, s. Mielke 1996, S. 61, Nr. 53.

30 Van Mander 1916, S. 207, Nr. 25. Zum

Blick des Ikarus s. Christine Buci-Glucksmann, *Der kartographische Blick der Kunst,* Berlin 1996, S. 9-63.
31 Zuletzt Mielke 1996, S. 9f.
32 Die Zeichnung wiederholt die Komposition eines Gemäldes in englischem Privatbesitz, Kupfer, 22,2 x 31,8 cm; Klaus Ertz, *Pieter Brueghel d. Ä. Die Gemälde mit kritischem Œuvrekatalog,* Köln 1979, S. 601, Kat. 260, S. 233, Abb. 304.
33 David Freedberg, *The Prints of Pieter Bruegel the Elder,* Ausst. Katalog Museum of Art, Bridgestone 1989, S. 65.
34 So im Nachruf unter einem gestochenen Bildnismedaillon von Gertruyd Roghmans nach einer Vorlage von Paulus Moreelse; Kat. Köln 1985, S. 217, Kat. 142, Abb. S. 32, ferner Müllenmeister 1988, S. 10 mit dt. Übersetzung des Textes.
35 Pächt 1994, S. 249.
36 Gerard David, *Waldszene,* Mauritshuis, Den Haag, Inv. 843.
37 Belting/Kruse 1994, S. 204.
38 Rupprich 1956, Bd. I., S. 169, Z. 60.
39 Vgl. Müller Hofstede 1979, S. 86.
40 Zu diesem Verfahren s. Jean C. Wilson, *Painting in Bruges at the close of the Middle Ages,* Pennsylvania 1998, S. 117-131.
41 Das Blatt abgebildet bei S. J. Gudlaugsson, Het Errera-schetsboek en Lucas van Valckenborch, in: *Oud Holland* 74, 1959, S. 127, Abb. 15.
42 Vgl. Versteigerung 3. 7. 1991 London (Sotheby's), Nr. 60.
43 Kat. Köln 1985, S. 217, Kat. 142, Abb. S. 32.
44 Spicer 1997, S. 28-31, hier auch ein Hinweis auf Shakespeares *Wintermärchen,* S. 36, Anm. 68.
45 Zu den Stichen von Aegidius Sadeler nach Stevens und Savery siehe Limouze 1990, S. 185-197.
46 Van Mander 1906, Bd. 1, S. 159.
47 Falkenburg 1985, S. 121ff.
48 Jacobus de Voraigne, *Legenda Aurea,* zit. n. Christine Wiebel, *Askese und Endlichkeitsdemut in der italienischen Renaissance,* Weinheim 1988, S. 25; s. ferner Falkenburg 1985, S. 120.
49 Van Mander 1916, S. 205, Nr. 19.
50 Zit. nach Alpers 1985, S. 64; zu den Maßstabsfragen ebd. 63-78.
51 Justus Müller Hofstede, Zur Theorie und Gestalt des Antwerpener Kabinettbildes um 1600, in: *Die Malerei Antwerpens – Gattungen, Meister, Wirkungen,* hrsg. v. Ekkehard Mai, Karl Schütz, Hans Vlieghe, Köln 1994, S. 39-45, hier S. 41.
52 Van Mander 1906, S. 261-263.
53 Zit. n. Müller Hofstede 1994 (wie Anm. 51), S. 40, Anm. 8.
54 Warnke 1992, S. 15f.
55 S. *Buiten tekenen in Rembrandts tijd,* Ausst. Katalog Museum Het Rembrandthuis 1998.
56 Zum *Parergon* s. Liliane Wellens-De Donder, Een historische atlas: het Parergon van Ortelius, in: Kat. Antwerpen 1998, S. 83-92.
57 Ebd. S. 86.
58 Jan Assmann, *Das kulturelle Gedächtnis,* München 1999, S. 200-202.
59 Ebd. S. 201.
60 Jan Assmann, *Moses der Ägypter,* München/Wien 1998, S. 17.
61 Thomas Puttfarken, *Maßstabsfragen. Über die Unterschiede zwischen großen und kleinen Bildern,* Phil. Diss. Hamburg 1971, S. 84f. Zur besonderen Rolle der Staffagefiguren s. Ekkehard Mai, Staffage und Landschaft. Zum Verhältnis von Mensch und Natur in Bild und Theorie von Bruegel bis Ruisdael, in: *Kölner Museums-Bulletin 1996,* Nr. 1, S. 4-22.
62 Assmann 1999 (wie Anm. 58), S. 214.
63 Ingeborg Bachmann, *Todesarten*-Projekt, Bd. 1, bearb. von Monika Albrecht und Dirk Göttsche, München/Zürich 1995, S. 237-283, hier S. 276.
64 Ebd. S. 275.
65 Ebd. S. 243.
66 Ebd. S. 266.
67 Ebd. S. 261.
68 Ingeborg Bachmann, *Das Buch Franza,* hrsg. von Monika Albrecht und Dirk Göttsche, München/Zürich 1998, S. 163.
69 *Todesarten*-Projekt 1995 (wie Anm. 63), S. 276.
70 Ebd. S. 273.
71 Ebd. S. 276.
72 Ebd. S. 282.
73 Ebd. S. 283.
74 So im Gedicht *Entfremdung* (wie Anm. 5), S. 23.

Ich danke Stefan Bartilla, Claudia Brink und Helmut R. Leppien für Hinweise und Kritik sowie Lilian-Gaby Götz für die geologischen Informationen zu den Felsstudien Roelant Saverys. Mein Dank gilt auch Beate Fricke und Sonja Kobold, die am Katalog mitgewirkt haben.

Hendrick Goltzius · *Baumgruppe in einem Wald* · Kat. 20

Die Welt des Waldes[1]

Von Stefan Bartilla

Die großen Wälder in dem nicht von den Römern besiedelten Teil Germaniens waren durch Rodungen, Raubbau und eine ständige Übernutzung bis zum Beginn der Neuzeit größtenteils vernichtet oder schwer geschädigt worden. Die nördlichen Provinzen der Niederlande führten daher schon seit dem 15. Jahrhundert das Holz für den Schiffbau aus Norwegen und dem Ostseegebiet ein.[2] Der Verlust der einst nahezu flächendeckenden Bewaldung war den Historikern der Frühen Neuzeit bewußt. Man nahm an, daß der Name »Holland« von »Houtland« (»Holzland«) abzuleiten wäre.[3]

Viele der noch im 16. Jahrhundert erhaltenen Wälder verdankten ihre Existenz der Jagd als dem Standessport des Adels. Südlich von Brüssel, in unmittelbarer Nähe der Residenzstadt der Herzöge von Brabant, erstreckte sich die unter besonderem Schutz stehende Jagddomäne des großen Zonienwaldes. Schon Kaiser Karl V. schloß 1516 einzelne Orte in diesem Wald wegen der Schönheit der Bäume von jeglicher Nutzung aus.[4] Angesichts der Bedrohung der Jagdwälder entstanden um 1600 erstmals Traktate zur Rechtsgeschichte des Forstes, um die fürstlichen Privilegien zu sichern. 1605 erschien in Den Haag auf Veranlassung des Forstmeisters der Grafschaft Holland ein forstgeschichtliches Werk, in dessen einleitendem »Lied der Diana« sich die Göttin der Jagd über die Verwüstung ihrer Wälder beklagt und verlangt, das Jagdrecht wiederaufzurichten.[5]

Nicht nur der Adel begann sich um die Erhaltung einzelner Wälder zu sorgen. Die enorme Verstädterung in den Niederlanden zeitigte beim städtisch-patrizischen Publikum das neue Bedürfnis nach Erholung im Grünen. Aus Lodovico Guicciardinis Beschreibung der Niederlande von 1567 erfahren wir, daß die sieben Klöster im Zonienwald im Sommer Ausflugsziele der Edelleute und Bürger Brüssels waren.[6] Der Magistrat von Den Haag konnte 1576 dem Statthalter Wilhelm von Oranien bis auf die Jagd alle Nutzungsrechte am Haager Wald abkaufen und ihn so als Erholungsgebiet für die Bürger erhalten.[7] Die Stadt Haarlem erwarb 1583 ihren kleinen Wald von den Staaten von Holland. Von den spanischen Belagerern 1572/73 verwüstet, wurde er in zwei Anpflanzungskampagnen 1584 und 1604 »zum Vergnügen der Bürger« wieder aufgeforstet.[8] Karel van Mander preist ihn in seinem Lobgedicht auf Haarlem: »Noch südlich von der Stadt, wenn man nach Leiden geht / längs der grünen Weiden liegt Haarlems Wald, / Wohin jung und alt gehen dürfen um sich zu ergötzen / schlendern, spazieren, hier und da verschiedentlich / sich im Grünen auszuspreizen, um den Geist zu erfreuen;/ Essen, trinken, spielen, lesen, singen ohne Furcht, / welches viel Sturm von Traurigkeit vertreibt. / Es scheint dort recht ein Kirmesfest zu sein: / Den Menschen muß man manchmal lüften wie ein Kleid.«[9] Leider sind keine sicheren zeitgenössischen Darstellungen des Haarlemer Waldes bekannt. Möglicherweise gibt ihn die zauberhafte Gouache mit einem Waldstück auf blauem Grund von Hendrick Goltzius wieder (Kat. 20).

Angesichts des Wissens um das Verschwinden der Wälder ist es wohl kein Zufall, daß sich die Landschaftsmalerei im späten 16. Jahrhundert des Themas Wald in einem bislang nicht gekannten Ausmaß annahm. Die Waldlandschaft wurde zu einem neuen Genre der Landschaftsmalerei, das von niederländischen Künstlern an unterschiedlichen Orten gepflegt wurde: in Antwerpen, Brüssel, Amsterdam, Prag, aber auch in Frankenthal in der Pfalz mit seiner Kolonie niederländischer Emigranten und vereinzelt in Italien. Der Kunsttheoretiker Karel van Mander pries Gillis van Coninxloo in seinem *Maler-Buch* von 1604 als den besten Landschaftsmaler seiner Zeit und sah die von ihm eingeführte Art der Waldlandschaft mit Humor als eine künstlerische Wiederaufforstungsaktion: »und ich sehe, daß in Holland begonnen wird, seiner Praxis sehr nachzufolgen. Und die Bäume, die hier etwas dürr standen, fangen den seinen nach zu wachsen an, so viel wie sie können, wenn auch manche der Anbauer und Pflanzer das nur ungerne bekennen.«[10] Die gemalten Waldlandschaften sollten, gemäß Van Mander, ihren Betrachter ebenfalls Erholung gewähren: »Nun sind wir um Bedrückung zu zerstreuen, in das schattige Reich der Hamadryaden (Baumnymphen) gekommen (...).«[11]

Die Waldlandschaften sind Schauplatz verschiedenster Geschichten, die sowohl uralten Überlieferungen wie auch zeitgenössischen Erfahrungen poetischen Ausdruck verleihen. Aus der Antike wurde die Vorstellung eines Urwaldes mythischer Größe überliefert, der das nördliche Europa außerhalb der römischen Grenzen bedeckte und über den Plinius mit einem gewissen, fast sakralen Schauer berichtete: »In derselben nördlichen Gegend übertrifft die ungeheure Größe der Eichen im Hercynischen Wald, seit Jahrhunderten unberührt und zugleich mit der Welt entstanden, durch ihre fast unsterbliche Beschaffenheit alle Wunder.«[12] Diese Einstellung prägte auch noch die Rodung der Wälder im Hochmittelalter. Ein sprechendes Zeugnis dafür ist die Verwendung des lateinischen Wortes »silva« (»Wald«) für die Urmaterie des zu kultivierenden Schöpfungschaos, wie es um 1150 noch in einem philosophischen Schöpfungsepos des Bernhardus Silvestris geschah.[13] Seit dem Frühmittelalter wurde im Abendland der Wald mit den orientalischen Wüsten gleichgesetzt, in denen sich die überlieferten biblischen Geschichten zugetragen und in die sich die frühchristlichen Eremiten zurückgezogen hatten.[14]

In den Waldlandschaften um 1600 wurden zahlreiche biblische Begebenheiten angesiedelt, Szenen aus dem Leben Johannes des Täufers, die Versuchung Christi, die Parabel vom barmherzigen Samariter sowie Eremitenszenen, die sich in der Gegenreformation einer großen Beliebtheit erfreuten. Bei einigen der Themen verbildlicht die Waldwildnis das Dickicht der Versuchungen, in die sich die menschliche Seele verirrt hat und aus der sie nur mit göttlicher Hilfe herausfinden kann.[15] Für die Propheten und Eremiten wurde der mystische Wald zum Ort der Gotteserfahrung. Davon zeugt auch die niederländische Übersetzung eines Lobgedichtes des Kirchenvaters Hieronymus auf die Wüste, das dem 1619 erschienenen Buch *Wald der Eremiten und Eremitinnen von Ägypten und Palästina* mit Porträts nach Abraham Bloemaert und kurzen Viten der Wüstenväter vorangestellt wurde: »Oh Wüste, wo die Blumen Christi blühen. Oh schöner Wald, allda deine Steine wachsen, mit denen die Stadt des großen Königs in der Apocalypse gebaut wird. Oh Wildnisse, die Ihr mit Gott engere Freundschaft haltet!«[16]

Der Wald in dem Gemälde mit der Predigt Johannes des Täufers (Kat. 34) verweist mit seinen toten Bäumen auf Gefahr und Tod, er ist aber auch ein Ort der Gottesnähe, wenn durch den Propheten die Ankunft des Messias und der Aufruf zur Umkehr verkündet wird. Der lange Weg durch den dunklen, höhlenartigen Wald als Metapher für den Weg der menschlichen Seele zu Umkehr und Heil wird auf der rechten Bildseite anschaulich. Dort sind zwei Männer zu sehen, die vielleicht vorbeigehen oder sich doch der Zuhörermenge anschließen wollen. Die Frau mit dem breiten, turbanartigen Hut in der abgesonderten Gruppe trägt Zigeunertracht. Im 16. Jahrhundert waren Legenden über die Herkunft der Zigeuner aus Ägypten verbreitet, die ihre Wanderschaft als Strafe interpretierten, entweder, weil sie Nachkommen jener Ägypter wären, die der Heiligen Familie bei ihrer Flucht keine Gastfreundschaft gewähren wollten, oder weil ihr Volk zeitweilig vom Christentum abgefallen sei.[17] Ihre Anwesenheit gibt der Szene einen orientalischen Akzent und eine moralisierende Note.

Die große Beliebtheit des Themas der Johannespredigt seit dem Beginn des 16. Jahrhunderts stand in bezug zu den religiösen Umwälzungen der Reformation, die Zweifel am Verkündungsmonopol der katholischen Kirche und deren Glaubwürdigkeit als Heilsvermittlerin aufwarfen. Im Zonienwald predigten heimlich die Calvinisten. Doch man kann nicht jedes Bild mit diesem Thema als verstecktes reformatorisches Bekenntnis deuten, denn es erfreute sich auch im gegenreformatorischen Flandern um 1600 noch großer Beliebtheit.[18]

Der Wald konnte auch Schauplatz der antiken Mythologie sein, in der die Natur als von halbgöttlichen Wesen, den Satyrn, Nymphen und Dryaden als Quell- und Baumgeistern beseelt galt und die Triebhaftigkeit des menschlichen Verhaltens auf die Natur projiziert wurde. Die Schäferdichtung (Bukolik) verband die Naturmythologie mit der antiken Vorstellung der Stadtflucht. Dichter und Maler der Neuzeit übertrugen sie auf die heimatlichen Landschaften. Eine solche poetische Projektion stellt auch die Radierung mit dem Ziegenhirten nach einer Vorlage von Roelant Savery dar (Kat. 28). Ein mächtiger, knorriger Baum klammert sich mit bizarr verflochtenen Wurzeln um einen Felsen am Ufer eines Waldteiches. Die zwei Ziegen blicken spöttisch auf ihren eingeschlafenen Hirten.

Jagddarstellungen gehörten seit langem zum Kanon der Repräsentationskunst der Feudalherren. Umso auffälliger ist das Zurücktreten des standesspezifischen Charakters der Waldlandschaften, die als autonome Kunstwerke sowohl Adlige als auch Patrizier und Bürger zur Kundschaft hatten. In einer Komposition Roelant Saverys wird der dramatische Höhepunkt der Jagd sogar ohne die Anwesenheit der adeligen »Hauptpersonen« geschildert (Kat. 45). Der Eber ist gestellt, die Hunde verbeißen sich schon in sein Fleisch, und die Jagdgehilfen stechen mit dem Spieß zu. Knorrige Eichen überwölben die zentrale Szene. Ein Stich des Hendrick Hondius von 1600 mit einer Jagdszene in einer waldigen Landschaft gibt mit der beigefügten Gedichtzeile eine überraschende Deutung: »Die Welt wird dem Wald nicht für unähnlich gehalten, Betrachter: Wer im Wald ist, ist in der Welt, entweder man fängt oder man wird gefangen.«[19]

Der Wald als Welt ist das vielleicht bedeutendste Thema, das in den niederländischen Waldlandschaften um 1600 visualisiert wird, ist es doch gerade deren komplexe Struktur, die das Auge zum Suchen reizt und nie die Gewißheit erlangen läßt, alles bemerkt und das Dickicht durchdrungen zu haben. Als ein Beispiel sei Roelant Saverys *Wald nach dem Sturm* mit seinem wilden Durcheinander von Baumstämmen, Felsbrocken und seiner wuchernden Vegetation angeführt (Kat. 44). Im Vordergrund lagern im Schatten Hirsche, rechts davon sonnen sich Füchse auf dem Felsen. Der Papagei als exotischer Farbakzent ist kein seltener Gast in den Waldlandschaften um 1600. Doch auch diesem idyllischen Waldleben droht wieder Tod und Gefahr. Links ist ein Reh von einem umgestürzten Baumstamm eingeklemmt worden, und eine Wildkatze nähert sich begierig der leichten Beute. Der kühle, bläuliche Hintergrund verleiht dem Bild eine düstere Stimmung. Auf dem ersten Blick scheint es sich um eine menschenleere, menschenferne Wildnis zu handeln. Wer seine Augen jedoch anstrengt, kann auf ein anderes faszinierendes Phänomen der Waldlandschaften um 1600 stoßen, eine »Mikrostaffage«, die hier etwas unterhalb des Bildzentrums zu entdecken ist. Unter dem Nadelbaum auf der Lichtung steht ein Hirte bei seiner Herde. Mitten in der Wildnis hat der Künstler eine bukolische Szene versteckt. Es ist der besondere Reiz der Waldlandschaften um 1600, das Heimliche mit dem Unheimlichen, das Vertraute mit dem Fremden und das Reale mit dem Phantastischen in einem detailreichen Versteckspiel miteinander zu verschmelzen.

Anmerkungen

1 Der Artikel fußt auf Ergebnissen meiner fast abgeschlossenen Dissertation bei Prof. Dr. Wilhelm Schlink an der Albert-Ludwigs-Universität Freiburg *Die Wildnis: visuelle Neugier in der Landschaftsmalerei. Eine ikonologische Untersuchung der niederländischen Berg- und Waldlandschaften und ihres Naturbegriffes um 1600.*
2 Buis 1993, S. 137f.
3 Buis 1993, S. 7.
4 F. Goblet d'Alviella, *Histoire des Bois et Forêts de Belgique,* Bd. II, Brüssel/Paris 1927, S. 120f.
5 Paulus Merula, *Placaten ende Ordonancjen op't stuck vande Wildernissen,* s'Gravenhage 1605, mit »Dianae Lied ter eeren van den Edelen Heere Johan van Duven-voirde (...)« von Philipp van Borsselen.
6 Holländische Ausgabe von 1616: *Beschryvinghe van alle de Neder-Landen (...) door Lowijs Guicciardijn, overgheset (...) door Cornelium Kilianum, vermeerdert door Petrum Montanum,* Amsterdam 1616, S. 22.
7 Buis 1993, S. 117-120.
8 Clara Brinkgreve (Hrsg.), *Haarlemmer hout 400 jaar, »mooier is de wereld nergens«,* Haarlem 1984², S. 12. Zitat: Petrus Montanus in: Guicciardini (wie Anm.6), S. 22.
9 Abgedruckt in: J. D. Rutgers van der Loeff (Hrsg.), *Drie Lofdichten op Haarlem,* Haarlem 1911, S. 22.
10 Van Mander 1906, Bd. II, S. 126 (Übersetzung S.B.).
11 Van Mander 1916, Kap. VIII, Str. 36, S. 210 (Übersetzung S.B.).
12 Caius Plinius Secundus d. Ä., *Naturalis historiae lib. XVI,* 2, § 6. Lat./Dt., hrsg. u. übers. von Roderich König in Zusammenarbeit mit Joachim Hopp, München 1991, S. 19.
13 Wilhelm Berges, Land und Unland in der mittelalterlichen Welt, in: *Festschrift für Hermann Heimpel zum 70. Geburtstag,* Göttingen 1972, Bd. 3, S. 409.
14 Marianne Stauffer, *Der Wald. Zur Darstellung und Deutung der Natur im Mittelalter,* Bern 1959, S. 97f.
15 Stauffer 1959 (wie Anm. 14), S. 141-147. Hans-Joachim Raupp, Zur Bedeutung von Thema und Symbol für die holländische Landschaftsmalerei des 17. Jahrhunderts, in: *Jahrbuch der Staatlichen Kunstsammlungen in Baden-Württemberg,* 17, 1980, S. 95.
16 »Hieronymus inden eersten brief aen Heliodorus vanden lof der Woestijnen«, in: *'T Bosch der Eremyten ende Eremytinnen van Aegypten ende Palestinen met Figuren van Abraham Blommaert in coper ghesneden door Boetius a Bolswert. Met cort verhael van een yders leven ghetrocken uyt het Vaders-Boeck,* 't Hantwerpen, by Hieronymus Verdussen, 1619.
17 Reimer Gronemeyer, *Zigeuner im Spiegel früher Chroniken und Abhandlungen. Quellen vom 15. bis zum 18. Jahrhundert,* Gießen 1987, S. 159-160.
18 Philippe u. Françoise Roberts-Jones, *Pieter Bruegel d. Ä.,* München 1997, S. 254-255.
19 Nadine Orenstein, *Hendrick Hondius* (The New Hollstein), Roosendaal 1994, Nr. 51, mit Abb.

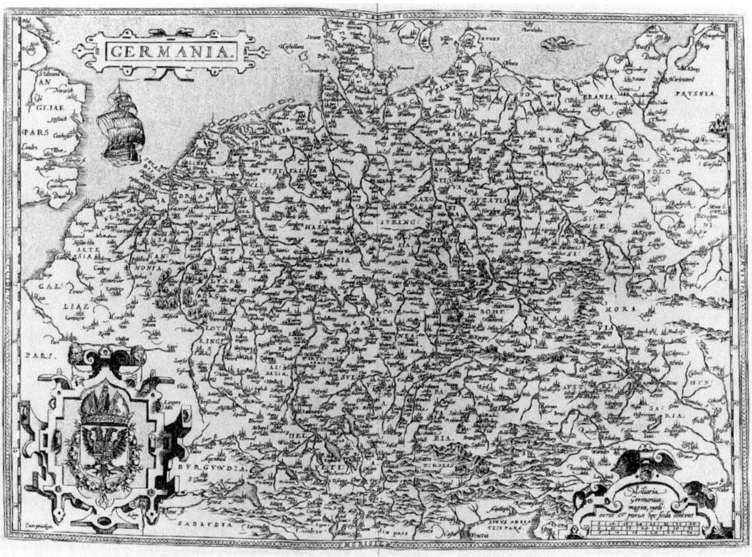

Germania · aus: Abraham Ortelius, *Theatrum Orbis Terrarum,* Antwerpen 1579 · Kat. 1

Regni Bohemiae Descriptio · aus: Abraham Ortelius, *Theatrum Orbis Terrarum,* Antwerpen 1579 · Kat. 2

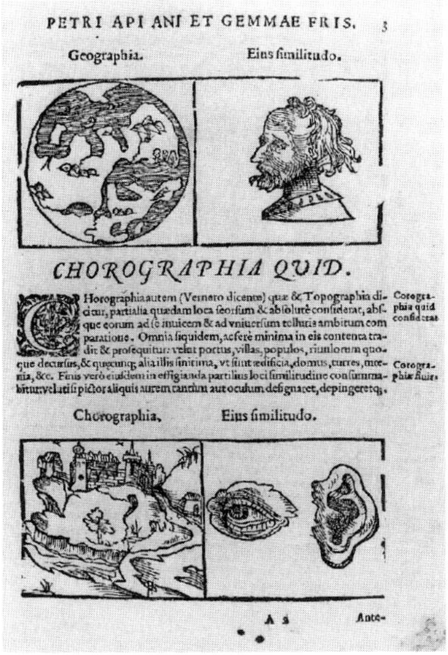
PETRI APIANI ET GEMMAE FRIS. 3

Geographia. Eius similitudo.

CHOROGRAPHIA QUID.

Chorographia autem (Vernero dicente) quæ & Topographia dicitur, partialia quædam loca seorsum & absolutè considerat, absque eorum ad se inuicem & ad vniuersum telluris ambitum comparatione. Omnia siquidem, acferè minima in eis contenta tradit & prosequitur: velut portus, villas, populos, riuulorum quoque decursus, & quęcunq; alia illis finitima, vt sunt ædificia, domus, turres, mœnia, &c. Finis verò eiusdem in effigianda partilius loci similitudine consummabitur: velutisi pictor aliquis aurem tantum aut oculum designaret, depingeretq;. Corographia quid consideret. Corographiæ finis.

Chorographia. Eius similitudo.

A 3 Ante-

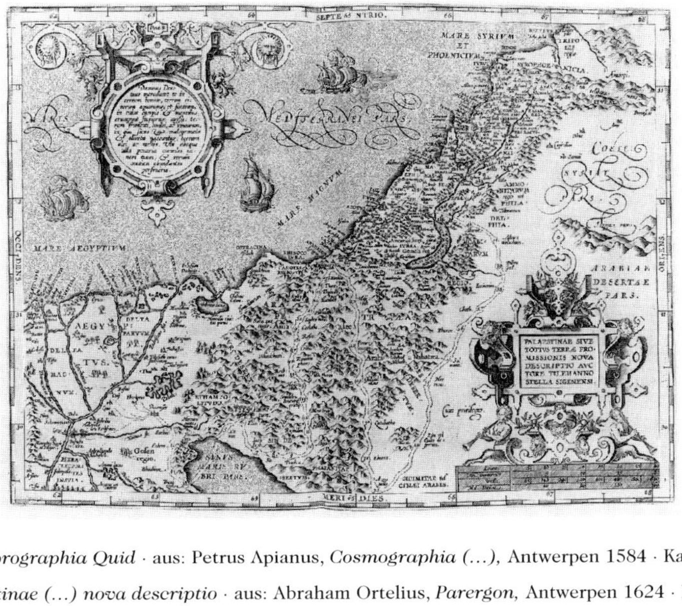

Chorographia Quid · aus: Petrus Apianus, *Cosmographia (...)*, Antwerpen 1584 · Kat. 5

Palestinae (...) nova descriptio · aus: Abraham Ortelius, *Parergon*, Antwerpen 1624 · Kat. 3

Nach Pieter Bruegel d. Ä. · *Flußlandschaft mit Merkur und Psyche* · Kat. 15

Herri Bles · *Ansicht von Dinant* · Kat. 8

Nach Pieter Bruegel d. Ä. · *Große Alpenlandschaft* · Kat. 14

Tobias Verhaecht · *Landschaft mit der Flucht nach Ägypten* · Kat. 48

Nach Pieter Bruegel d. Ä. · *Landschaft mit der Versuchung Christi* · Kat. 13

David Vinckboons · *Waldlandschaft mit der Versuchung Christi* · Kat. 32

Roelant Savery (Umkreis) · *Felsige Landschaft mit Bach* · Kat. 26

Tobias Verhaecht · *Bergige Landschaft* · Kat. 30

Roelant Savery · *Alpenlandschaft* · Kat. 27

Roelant Savery · *Wald nach dem Sturm* · Kat. 44

Anonym, flämisch · *Die Ruhe auf der Flucht* · Kat. 33

Adriaen Isenbrant · *Triptychon mit dem heiligen Hieronymus* · Kat. 39

Herri Bles (Werkstatt) · *Felsen mit Burganlage* · Kat. 9

Herri Bles (Werkstatt) · *Felsen mit Burganlage. Zentralbau* · Kat. 10

Herri Bles (Werkstatt) · *Felslandschaft mit dem Gang nach Emmaus* · Infrarotreflektographie, Ausschnitt

Herri Bles (Werkstatt) · *Felslandschaft mit dem Gang nach Emmaus* · Kat. 36

Roelant Savery · *Ruinenlandschaft* · Kat. 24

Roelant Savery (Nachfolger) · *Landschaft mit antiken Ruinen* · Kat. 46

Gillis Claesz d'Hondecoeter · *Landschaft* · Kat. 22

Pieter Stevens · *Küstenlandschaft* · Kat. 29

Anonym, flämisch · *Die Taufe des Kämmerers* · Kat. 35

Anonym, flämisch · *Predigt Johannes des Täufers* · Kat. 34

Katalog der ausgestellten Werke

Die ausgestellten Werke befinden sich, soweit nicht anders vermerkt, im Besitz der Hamburger Kunsthalle. Die Angaben zur Literatur beschränken sich auf die neuesten Publikationen zu den einzelnen Exponaten.

KARTEN- UND STICHWERKE

1 (Abb. S. 44)
Germania
Kupferstich, 364 x 504 mm.
Aus: Abraham Ortelius, *Theatrum Orbis Terrarum,* Antwerpen 1579, fol. 24. Staats- und Universitätsbibliothek Hamburg Carl von Ossietzky, Sig.: KS 189/912.
Lit.: Karrow, Jr., 1993, S. 6, Nr. 1/21, S. 483, Nr. 70/8.1.

2 (Abb. S. 44)
Regni Bohemiae Descriptio
Kupferstich, 335 x 506 mm.
Aus: Abraham Ortelius, *Theatrum Orbis Terrarum,* Antwerpen 1579, fol. 47.
Lit.: Karrow, Jr., 1993, S. 7, Nr. 1/35, S. 127, Nr. 22/2.2.

3 (Abb. S. 45)
Palestinae (...) nova descriptio
Radierung und Kupferstich, 340 x 455 mm.
Aus: Abraham Ortelius, *Theatri/Orbis Terrarum/Parergon; Editio Novissima (...),* Antwerpen 1624, nach fol. ij. Staats- und Universitätsbibliothek Hamburg Carl von Ossietzky, Sig.: KS 189/913.
Lit.: Karrow, Jr., 1993, S. 503, Nr. 72/5.5.

4
Peregrinatio Divi Pauli
Kupferstich.
Aus: Abraham Ortelius, *Theatri/Orbis Terrarum/Parergon; Editio Novissima (...),* Antwerpen 1624, nach fol. iiij. Staats- und Universitätsbibliothek Hamburg Carl von Ossietzky, Sig.: Scrin C/134, Teil 1, 18-90, Nr. 25.
Lit.: Kat. Antwerpen 1998, S. 10, Abb.

5 (Abb. S. 45)
Chorographia Quid
Aus: Petrus Apianus, *Cosmographia. sive Descriptio universi Orbis (...),* Antwerpen 1584, S. 3. Staats- und Universitätsbibliothek Hamburg Carl von Ossietzky, Sig. Scrin A/747.
Lit.: Gibson 1989, S. 52f., Abb. S. 4.2.

6
Vestigij et parte del monte Palatino (...)
Radierung, 150 x 265 mm.
Aus: Marco Sadeler, *Vestigi della antichità di Roma (...),* Rom 1660, Tf. 11. Sig. Ill XVII/Sadeler 1660.
Lit.: Hollstein XXI, S. 41; Limouze 1990, S. 188f.

GRAPHIK

7 (Abb. S. 16)
Anonym, flämisch, um 1540
Flußlandschaft mit einem Weiler.
Feder in blau, 187 x 280 mm. Inv.Nr. 22358.
Lit.: Ann Zwollo, De Landschaptekeningen van Cornelis Massys, in: Nederlands Kunsthistorisch Jaarboek 16, 1965, S. 57f., Abb. S. 14; Kat. Berlin 1975, S. 132, Nr. 176, Abb. S. 33, als Cornelis Massys (?).

8 (Abb. S. 46)
Herri Bles (um 1510-nach 1550)
Ansicht von Dinant.
Bleigraphit (?), Feder in braun, 120 x 209 mm. Inv.Nr. 23921.
Lit.: Kat. Berlin 1975, S. 19, Nr. 1, Abb. S. 23.

9 (Abb. S. 52)
Herri Bles (um 1510-nach 1550), Werkstatt
Felsen mit Burganlage.
Feder, braune Tinte, 190 x 260 mm. Staatliche Museen zu Berlin, Kupferstichkabinett, Inv.Nr. 79 C 2, fol. 73v.
Lit.: Bevers 1998, S. 45, Abb. S. 41.

10 (Abb. S. 52)
Herri Bles (um 1510-nach 1550), Werkstatt
Felsen mit Burganlage. Zentralbau.
Feder, braune Tinte, 190 x 260 mm. Staatliche Museen zu Berlin, Kupferstichkabinett, Inv.Nr. 79 C 2, fol. 52v.
Lit.: Bevers 1998, S. 43, Abb. S. 35.

11
Paul Bril (1554-1626), Umkreis
Landschaft mit heiligem Hieronymus in einer Grotte.
Feder in braun, Pinsel in blau und schwarz, 190 x 285 mm, bezeichnet: P. Bril fecit. Inv.Nr. 21765.

12
Pieter Bruegel d. Ä. (um 1525-1569)
Hasenjagd.
Radierung, 216 x 290 mm, bez. u. links: BRVEGEL. Inv.Nr. 4073.
Lit.: Gibson 1989, S. 66f., Abb. S. 5.14; Mielke 1996, S. 61, Nr. 53.

13 (Abb. S. 48)
Hieronymus Cock, nach Pieter Bruegel d. Ä.
Landschaft mit der Versuchung Christi.
Radierung, 322 x 441 mm; am unteren Rand links: H. Cock fecit. Die Unterschrift zum Stich

lautet: Non in solo pane Victurus est homo, sed omni verbo quod digreditur per os Dei Mar 4 Deut 8. Inv.Nr. 4025.
Lit.: Mielke 1996, S. 14, S. 43 f., Nr. 22, S. 142, Abb. S. 22 (zur Vorzeichnung von Bruegel in Prag), S. 232, Abb. S. B8.

14 (Abb. S. 47)
Johannes oder Lucas van Doetecum, nach Pieter Bruegel d. Ä.
Große Alpenlandschaft, um 1555-57.
Radierung und Kupferstich, 368 x 468 mm, bez. BRVEGHEL INVE./H cock excudeb. Inv.Nr. 4029b.
Lit.: Müller-Hofstede 1979, S. 117, Tf. 49, Abb. S. 11; Nalis 1998, S. 22, Nr. 22.

15 (Abb. S. 46)
Simon Novellanus (?), nach Pieter Bruegel d. Ä.
Flußlandschaft mit Merkur und Psyche, um 1590.
Radierung, 270 x 342 mm. Inv.Nr. 4075.
Lit.: Mielke 1979, S. 69-71; Müller-Hofstede 1979, S. 117f., Tf. 49, Abb. S. 12; Mielke 1996, S. 9f., 38f., Nr. 13; Serebrennikov 1997, S. 238-241.

16
Simon Novellanus (?), nach Pieter Bruegel d. Ä.
Landschaft mit Dädalus und Ikarus, um 1590.
Radierung, 275 x 337 mm. Inv.Nr. 4074.
Lit.: Mielke 1979, S. 69-71; Serebrennikov 1997, S. 227.

17
Jan Brueghel d. Ä. (1568-1625), Kopie nach
Rast auf der Landstraße.
Feder in braun, Pinsel in braun und blau, 212 x 322 mm. Inv.Nr. 21756.

18
Gillis van Coninxloo (1544-1607), Umkreis
Landschaft mit Schloß.
Feder in braun, Pinsel in braun und blau, 238 x 360 mm. Inv.Nr. 1963/341

19
Gerard David (um 1455-1523)
Baumstudie und Kopf eines Mannes.
Silberstift auf weiß gestrichenem Papier, 142 x 102 mm. Inv.Nr. 21575.
Lit.: Hans J. Van Miegroet, Gerard David, Antwerpen 1989, S. 137, Abb. S. 126, S. 324, Nr. 77; From Van Eyck to Bruegel, hrsg. von Matryan W. Ainsworth, Keith Christiansen, Ausst. Katalog Metropolitan Museum of Art, New York 1998, S. 279f., Abb. S. 92.

20 (Abb. S. 38)
Hendrick Goltzius (1558-1617)
Baumgruppe in einem Wald.
Feder in schwarz, Pinsel in grün, braun, gelb und weiß auf blau gestrichenem Papier, 284 x 200 mm, bez.: HG (monogrammiert). Inv.Nr. 21977.
Lit.: E. K. Reznicek, Die Zeichnungen von Hendrick Goltzius, Utrecht 1961, S. 426f., Nr. 397; Kat. Hamburg 1994, S. 150f., Nr. 50, Abb. S. 57.

21
Hendrick Goltzius (1558-1617)
Gebirgslandschaft mit Brücke und Stadt.
Feder in braun, weiß gehöht, 198 x 310 mm. Inv.Nr. 21979.
Lit.: E. K. Reznicek, Die Zeichnungen von Hendrick Goltzius, Utrecht 1961, S. 426f., Nr. 398.

22 (Abb. S. 55)
Gillis Claesz d'Hondecoeter (um 1570/80-1638)
Landschaft.
Graphit, Feder in braun, Pinsel in braun, schwarz, grau, rot und blau, 270 x 360 mm, bez. unten r.: Ao 1623. Inv.Nr. 22042.
Lit.: Kat. Hamburg 1994, S. 157, Nr. 62, Abb. S. 66.

23
Joos de Momper (1564-1635)
Alpenlandschaft.
Feder in braun und schwarz (?), Pinsel in blau, rot, braun, 233 x 360 mm, bez. Iodocus de Momper fe. Inv.Nr. 22193.
Lit.: Heinrich Gerhard Franz, Meister der spätmanieristischen Landschaftsmalerei in den Niederlanden, in: Jahrbuch des Kunsthistorischen Instituts der Universität Graz 3/4, 1968/69, S. 19-71, Tafel VII, Abb. S. 91; Teréz Gerszi, Joos de Momper als Zeichner. Teil 2, in: Jahrbuch der Berliner Museen N.F. 36, 1994, S. 168, Anm. 13.

24 (Abb. S. 54)
Roelant Savery (1576-1639)
Ruinenlandschaft.
Schwarze Kreide, 284 x 375 mm. Staatliche Kunstsammlungen Dresden, Kupferstich-Kabinett, Inv.Nr. C 930.
Lit.: Spicer 1979, S. 530, Nr. C 116; Kat. Prag 1988, Bd. 1, S. 386, Nr. 256.

25 (Abb. S. 6)
Roelant Savery (1576-1639)
Felsenstudie.
Schwarze, gelbe, rote, blaue und weiße Kreide, Fettkohle, 442 x 344 mm. Inv.Nr. 22488.
Lit.: Kat. Berlin 1975, S. 165, Nr. 249, Abb. S. 291; Spicer 1979, S. 460, C 62.

26 (Abb. S. 49)
Roelant Savery (1576-1639), Umkreis
Felsige Landschaft mit Bach.
Kohle (oder Kreide), Fettkohle, Pinsel in blau, rot und grün, 205 x 314 mm. Inv.Nr. 22489.
Lit.: Spicer 1979, S. 714, F 247 als zeitgenössische Kopie; Kat. Hamburg 1994, S. 181f., Nr. 109, Abb. S. 105.

27 (Abb. S. 50)
Roelant Savery (1576-1639)
Alpenlandschaft.
Schwarze und farbige Kreide, Fettkohle, Pinsel in braun und blau, 393 x 387 mm. Inv.Nr. 22490.
Lit.: Spicer 1979, S. 436, C 38; Kat. Prag 1988, Bd. 1, S. 380, Nr. 245; Kat. Prag 1997, S. 443, Nr. I.259.

28
Anonym, nach Roelant Savery.
Hirte mit Ziegen unter knorrigen Bäumen.
Radierung, 205 x 261 mm, bez.: Marco Sadeler excudit. Inv.Nr. 4692.
Lit.: Hollstein XXXIII, Nr. 3, als Radierung Roelant Saverys; Spicer 1979, S. 751, Pr 45.

29 (Abb. S. 55)
Pieter Stevens (um 1567-nach 1624)
Küstenlandschaft.
Feder in braun, Pinsel in blau, 200 x 317 mm, bez. auf dem Schiffsheck links: PS (monogrammiert). Inv.Nr. 22558.

30 (Abb. S. 49)
Tobias Verhaecht (1561-1630)
Bergige Landschaft.
Feder in braun, Pinsel in blau, 253 x 351 mm. Staatliche Kunstsammlungen Dresden, Kupferstich-Kabinett, Inv.Nr. C 1929-147.

31
Tobias Verhaecht (1561-1630)
Gebirgslandschaft.
Feder in braun, Pinsel in braun und blau, 188 x 296 mm. Inv.Nr. 22636.

32 (Abb. S. 48)
David Vinckboons (1576-1632)
Waldlandschaft mit der Versuchung Christi.
Feder in braun und schwarz, Pinsel in schwarz und blau, 334 x 478 mm. Inv.Nr. 22648.
Lit.: Kat. Berlin 1975, S. 179, Nr. 279, Abb. S. 306; Kat. Hamburg 1994, S. 186, Nr. 117, Abb. S. 113.

GEMÄLDE

33 (Abb. S. 51)
Anonym, flämisch, um 1520
Die Ruhe auf der Flucht.
Eichenholz, 89,2 x 75,3 cm. Inv.Nr. 758.
Lit.: Katalog der Alten Meister der Hamburger Kunsthalle 1966, S. 102 als Antwerpener Meister.

34 (Abb. S. 56)
Anonym, flämisch, um 1610
Predigt Johannes des Täufers.
Öl auf Kupfer, 33,1 x 46,1 cm. Inv.Nr. 221.
Lit.: Keith Andrews, Adam Elsheimer. Werkverzeichnis der Gemälde, Zeichnungen und Radierungen, München 1985, S. 202, Nr. A 11, möglicherweise Adriaen van Stalbemt.

35 (Abb. S. 56)
Anonym, flämisch, um 1610/15
Die Taufe des Kämmerers.
Eichenholz, 25 x 33 cm. Inv.Nr. 194.
Lit.: Katalog der Alten Meister der Hamburger Kunsthalle 1966, S. 171 als David Vinckboons (?); Jan Briels, Peintres Flamands en Hollande au début du Siècle d'Or, 1580-1630, Antwerpen 1987, S. 69 mit Zuschreibung an David Colyn, S. 70.

36 (Abb. S. 53)
Herri Bles (1510-1550/55), Werkstatt
Felslandschaft mit dem Gang nach Emmaus.
Holz, 26 x 36,5 cm. Bez.: LVV am Felsen links. Inv.Nr. 786.
Lit.: Alexander Wied, Lucas und Marten van Valckenborch. Das Gesamtwerk mit kritischem Œuvrekatalog, Freren 1990, S. 195, Kat.Nr. 106, als Herri Bles, Nachfolger.

37
Hieronymus Bosch (um 1450-1516), Nachfolger
Christus in der Vorhölle.
Eichenholz, 20,2 x 34 cm. Inv.Nr. 557.
Lit.: Gert Unverfehrt, Hieronymus Bosch. Die Rezeption seiner Kunst im frühen 16. Jahrhundert, Berlin 1980, S. 202, Abb. S. 188.

38
Frans Francken II. (1581-1642)
Tobias Verhaecht (1561-1630)
Die Rast der Israeliten am Roten Meer.
Eichenholz, 60,5 x 105 cm, bez. und dat.: D° FRANCK(EN) IN et FECIT 1621. Inv.Nr. 62.
Lit.: Ursula Härting, Frans Francken d.J. Die Gemälde mit kritischem Œuvrekatalog, Freren 1989, S. 56-64, 122f. , S. 153, 238, Nr. 41, Taf. 11.

39 (Abb. S. 51)
Adriaen Isenbrant (um 1480-1551)
Triptychon mit dem heiligen Hieronymus.
Eichenholz, Mitteltafel 26,5 x 18,5 cm, Flügel 26,5 x 7,3 cm. Inv.Nr. 753.
Lit.: Memling und seine Zeit. Brügge und die Renaissance, hrsg. v. Maximiliaan P. J. Martens, Ausst. Katalog Memlingmuseum – Oud-Sint-Janshospitaal, 2 Bde., Brügge 1998, Bd. 1, Katalog, S. 125, Nr. 37, Bd. 2, Notices, S. 63f., Nr. 37 (Till-Holger Borchert).

40
Adriaen Isenbrant (um 1480-1551)
Die Kreuzigung Christi.
Eichenholz, 34,2 x 24,6 cm. Inv.Nr. 5531.
Lit.: Jean C. Wilson, Painting in Bruges at the Close of the Middle Ages, Pennsylvania 1998, S. 118-122, Abb. S. 55.

41 (Abb. S. 12, Ausschnitt)
Meister der Ursula-Legende (tätig um 1480-1490)
Maria mit Christus und Johannes dem Täufer.
Eichenholz, 43,8 x 37,2 cm. Inv.Nr. 759.
Lit.: Daniel M. Levine, The Bruges Master of the St. Ursula Legend Reconsidered, Diss., Indiana University 1989, S. 27, 38, 47, 51, 67f., 203-206, Nr. 15; Didier Martens, La »Madone au trône arqué« et la peinture brugeoise de la fin au moyen âge, in: Jahrbuch der Berliner Museen 35, 1993, S. 153f., Abb. S. 32.

42
Anton Mirou (1586-1620?)
Dorflandschaft.
Eichenholz, 31,8 x 39,7 cm. Inv.Nr. 612.
Lit: Katalog der Alten Meister der Hamburger Kunsthalle 1966, S. 115.

43
Joos de Momper d. J. (1564-1635), Werkstatt
Hügellandschaft.
Eichenholz, 46 x 72 cm. Inv.Nr. 54.
Lit.: Klaus Ertz, Josse de Momper der Jüngere. Die Gemälde mit kritischem Œuvreverzeichnis, Freren 1986, S. 633, Nr. A 62, dem Künstler abgeschrieben.

44 (Abb. S. 50)
Roelant Savery (1576-1639)
Wald nach dem Sturm.
Holz, 42 x 78 cm. Inv.Nr. 163.
Lit: Müllenmeister 1988, S. 201f., Nr. 30, Abb. S. 30.

45
Roelant Savery (1576-1639)
Eberjagd.
Öl auf Holz, 38 x 49 cm. Inv.Nr. 162.
Lit: Müllenmeister 1988, S. 239, Nr. 92, S. 237, Abb. S. 92.

46 (Abb. S. 54)
Roelant Savery (1576-1639), Kopie nach
Landschaft mit antiken Ruinen.
Holz, 25,7 x 40 cm. Inv.Nr. 274.
Lit.: Spicer 1979, S. 530; An Zwollo, Rezension zu Kurt J. Müllenmeister, Roelant Savery, Die Gemälde mit kritischem Œuvrekatalog, Freren 1988, in: The Burlington Magazine CXXXII, 1990, S. 723, Anm. 1.

47
Pieter Schoubroeck (um 1570-1607)
Philippus tauft den äthiopischen Kämmerer.
Eichenholz, 33,5 x 53,8 cm. Inv. 665.
Lit.: Katalog der Alten Meister der Hamburger Kunsthalle 1966, S. 144.

48 (Abb. S. 47)
Tobias Verhaecht (1561-1630)
Landschaft mit der Flucht nach Ägypten.
Eichenholz, 37 x 48 cm. Inv. Nr. 797.
Lit: Hans Werner Grohn, Tobias Verhaecht und die »Landschaft mit der Flucht nach Ägypten«, in: Jahrbuch der Hamburger Kunsthalle 18, 1973, S. 67-74, Abb. S. 71.

49 (Abb. S. 2, Ausschnitt)
Adam Willaerts (1577-1664)
Gemsenjagd an der Küste.
Eichenholz, 68 x 154,5 cm. Inv.Nr. 336.
Lit.: Herren der Meere – Meister der Kunst. Das holländische Seebild im 17. Jahrhundert, hrsg. von Jeroem Giltaij, Jan Kelch, Ausst. Katalog Staatliche Museen zu Berlin, Gemäldegalerie im Bodemuseum 1996, S. 114-116, Nr. 12.

Abgekürzt zitierte Literatur

Alpers 1985
Svetlana Alpers, *Kunst als Beschreibung. Holländische Malerei des 17. Jahrhunderts*, Köln 1985

Belting/Kruse 1994
Hans Belting, Christiane Kruse, *Die Erfindung des Gemäldes. Das erste Jahrhundert der niederländischen Malerei*, München 1994

Bevers 1998
The Antwerp Sketchbook of the Bles Workshop in the Berlin Kupferstichkabinett, in: *Herri met de Bles. Studies and Explorations of the World Landscape Tradition*, hrsg. v. Norman E. Muller u. a., Princeton University 1998, S. 39-50

Buis 1993
Jaap Buis, *Holland Houtland. Een geschiedenis van het Nederlandse bos*, Amsterdam 1993

Busch 1997
Werner Busch (Hrsg.), *Landschaftsmalerei*, Berlin 1997

Gibson 1989
Walter S. Gibson, *Mirror of the Earth. The World Landscape in Sixteenth-Century Flemish Painting*, Princeton, New Jersey, 1989

Hollstein
Hollstein's Dutch and Flemish Etchings, Engravings and Woodcuts ca. 1450-1700, Bd. I-XLI, Amsterdam-Roosendaal 1949-92

Karrow, Jr., 1993
Robert W. Karrow, Jr., *Mapmakers of the Sixteenth Century and their Maps. Bio-Bibliographies of the Cartographers of Abraham Ortelius, 1570*, Chicago 1993

Kat. Berlin 1975
Pieter Bruegel d. Ä. als Zeichner. Herkunft und Nachfolge, bearb. v. Fedja Anzelewsky u. a., Ausst. Katalog Staatliche Museen Preussischer Kulturbesitz, Kupferstichkabinett, Berlin 1975

Kat. Antwerpen 1998
Abraham Ortelius (1527-1598). Cartograaf en humanist, bearb. v. R. W. Karrow, Jr., Ausst. Katalog Museum Plantin-Moretus, Koninklijke bibliotheek van Belgie, Antwerpen 1998

Kat. Hamburg 1994
Rembrandt und sein Jahrhundert, bearb. von Eckhard Schaar, Ausst. Katalog Hamburger Kunsthalle, Heidelberg 1994

Kat. Köln 1985
Roelant Savery (1576-1639) in seiner Zeit, hrsg. von Ekkehard Mai, Ausst. Katalog Wallraf-Richartz-Museum, Köln, Centraal Museum, Utrecht 1985

Kat. Prag 1988
Prag um 1600. Kunst und Kultur am Hofe Kaiser Rudolfs II., Ausst. Katalog Kunsthistorisches Museum Wien, 2 Bde., Freren 1988

Kat. Prag 1997
Rudolf II and Prague. The Court and the City, hrsg. Eliska Fucikova, Ausst. Katalog, Prag 1997

Limouze 1990
Dorothy Anne Limouze, Aegidius Sadeler (c. 1570-1629). Drawings, Prints and Art Theory, Diss. Princeton University, 1990

Van Mander 1906
Carel van Mander, *Das Leben der niederländischen und deutschen Maler*, nach der Ausgabe von 1617, übers. und komm. von Hanns Floerke, 2 Bde., München, Leipzig 1906

Van Mander 1916
Das Lehrgedicht des Karel van Mander. Text, Übersetzung und Kommentar (...), von R. Hoecker, Den Haag 1916 (Quellenschriften zur Holländischen Kunstgeschichte VIII)

Mielke 1979
Hans Mielke, Radierer um Bruegel, in: *Pieter Bruegel und seine Welt*, hrsg. v. Otto von Simson, Matthias Winner, Berlin 1979, S. 63-71

Mielke 1996
Hans Mielke, *Pieter Bruegel. Die Zeichnungen,* Turnhout 1996

Müllenmeister 1988
Kurt J. Müllenmeister, *Roelant Savery. Die Gemälde mit kritischem Œuvrekatalog,* Freren 1988

Müller Hofstede 1979
Justus Müller Hofstede, Zur Interpretation von Bruegels Landschaft. Ästhetischer Landschaftsbegriff und Stoische Weltbetrachtung, in: *Pieter Bruegel und seine Welt,* hrsg. v. Otto von Simson, Matthias Winner, Berlin 1979, S. 73-142

Nalis 1998
The New Hollstein Dutch & Flemish Etchings, Engravings and Woodcuts 1450-1700, The Van Doetecum Family, Bd. 1, The Antwerp Years, 1554-1575, bearb. von Henk Nalis, Rotterdam 1998

Pächt 1994
Otto Pächt, *Altniederländische Malerei. Von Rogier van der Weyden bis Gerard David,* hrsg. von Monika Rosenauer, München 1994

Rupprich 1956
Hans Rupprich, *Dürer. Schriftlicher Nachlaß,* Bd. 1, Berlin 1956

Serebrennikov 1996
Nina Eugenia Serebrennikov, Imitating Nature/ Imitating Bruegel, in: *Nederlands Kunsthistorisch Jaarboek* 47, 1996, S. 223-264

Spicer 1979
Joaneath Ann Spicer-Durham, *The Drawings of Roelandt Savery,* Diss. Yale Univ. 1979

Spicer 1997
Joaneath Spicer, A Pictorial Vocabulary of Otherness. Roelandt Savery, Adam Willaerts, and the Representation of Foreign Coasts, in: *Nederlands Kunsthistorisch Jaarboek* 48, 1997, S. 23-51

Warnke 1992
Martin Warnke, *Politische Landschaft. Zur Kunstgeschichte der Natur,* München/Wien 1992

Herausgegeben von Uwe M. Schneede

aus Anlaß der Ausstellung
Im Blickfeld: Böhmen liegt am Meer.
Die Erfindung der Landschaft um 1600
23. Juli bis 10. Oktober 1999

Ausstellung und Katalog: Thomas Ketelsen

Gestaltung: Michael Sauer

Photos: Elke Walford, Werke aus der Hamburger Kunsthalle; Jörg P. Anders, Staatliche Museen zu Berlin, Preußischer Kulturbesitz, Kupferstichkabinett (S. 52); Staatliche Kunstsammlungen Dresden, Kupferstich-Kabinett (S. 49,54); Staats- und Universitätsbibliothek – Carl von Ossietzky, Hamburg (S. 44, 45); Musée du Louvre, Paris (S. 16); Tobias Boner (S. 53); Eva Keochakian (S. 23)

Gesamtherstellung: Christians Druckerei, Hamburg

ISBN: 3-922909-43-4

Frontispiz:
Adam Willaerts · *Gemsenjagd an der Küste* · Ausschnitt · Kat. 49